IKKO
キレイの魔法

愛され顔のメイクのレシピ

IKKO流 美の理論

ほめられることがキレイになる第一歩、そのために努力するの

ヘアメイクの事務所に入った20代後半、高い技術のメイクが要求されました。当時はメイクが苦手で、私ってなんでこんなに下手なんだろうって悩みの日々…。そんなとき、ある女優さんの娘さんが持っていたセルロイド人形に目を奪われました。まるで生きているよう！　どうして？　よく見るとその人形には完《かん》璧《ぺき》なまでのグラデーションでチークが施されていたのです。そうだ、もっと深く色について勉強しよう、グラデーションを研究しよう！　一体の人形がきっかけで、どんどんメイクが好きになりました。

でも、やればやるほど奥が深くてわからない。コンプレックスから始まった私のメイク人生ですが、まだまだ進化しています。人生と同じで、奥が深い、答えがないから頑張っていけるとつくづく思います。

絶対キレイになれるからあきらめないでネ

どうせ私は…とか、年齢が…とかでメイクを諦めてはいないですよね？　メイクは研究すればするほど上手になります。それにはまず、自分を愛してあげること。そうして少しずつ努力すれば、必ず可愛いね、キレイになったね、って言ってもらえるようになります。そうやってほめられることがキレイへの第一歩。その言葉のために努力する、と思えば頑張れることもあるわよね。

キレイになるには外見だけではダ

メ。内面のオンナらしさ、優しさ、そして心の安定が大事。この３つのバランスがとれている人こそ「美しい人」だと私は思います。心の安定には愛が必要不可欠です。それは異性に限らず、あなたのまわりにいる誰かから愛される自分になるということ。そのための自分磨きなのです。

この本では、できるだけ皆さんのお悩み解決に役立つように、私のメイクテクニックなどを公開します。美の秘訣は？とよく聞かれますが、たとえばローションを塗っているときも「浸透してぇーキレイになるわよー」って思いながらすることが大事です。そういう意識を持つことこそがキレイにつながるの。キレイになろうという心がけは、必ず、あなたに幸せを運んでくれることでしょう。

IKKO
キレイの魔法
CONTENTS

IKKO MAGIC

Part 1

メイクで変身！　いろんな自分になれる魔法のテクニック

レイチェルの七変化

レイチェル
です。私の
七変化見てネ

都内で学生生活を送りながら
モデルや歌手として
活躍しているレイチェルちゃん。
素顔はこんなにナチュラルなの！
そんな彼女が
私のメイク術で
どんな女性に変身していくのか
さあIKKOマジックの開幕よ〜。

Doll
make

Oriental make

Glamorous make

Bohemian
make

Romantic
make

Sabrina make

Feminine
make

レイチェルの
七変化

私の
変身、いかが
でしたか？

メイク
ワンポイント
解説

憧れの女性像を手に入れる秘訣は
ヘアメイクをファッションと
ばっちりマッチさせること。
注目モデルのレイチェルちゃんを
時には可愛く、時には色っぽく、
時には知的にメイク。
IKKO流バランス美を表現した
七変化のポイントをお話します。

Doll
make

すべすべ肌＆うるうる瞳で
いまどきキュートドール

いまどきドール顔になるために肝心なのは、肌の質感よ。毛穴レスなセミマット肌に仕上げ、パールの入っていないマットなチークを頬に広めに。なめらかで可愛い、触りたくなるようなすべすべ肌に仕上げるのがポイントなの。また、ドール顔に見せるには黒々とした長いまつ毛も欠かせません。つけまつ毛とマスカラでくっきりたわわに仕上げて、下まつ毛はライナーで描き足しています。まつ毛のボリュームとバランスをとるために、まぶたはブラウンやカーキゴールドのアイシャドウで深みを出します。最近のアイシャドウは、しっかりと色を重ねても強くなりすぎず、ニュアンスのある仕上がりが特徴。このニュアンスが、深みのあるグラデーションの目もとに〝いまどき感〟をプラス。大人の女性にも似合うフェミニンなドールメイクが完成します。

東洋的ラグジュアリー顔の鍵はグリーン×ブラウン

オリエンタルメイクで表現したかったのは〝クチュールな女〟。オートクチュール＝王道の美しさ、です。その法則を守って、目もとは美しくセクシーに見えるようにまぶたの外側に広がっていく基本のグラデーションを作ります。それを強調する外側へと流した流し目風のつけまつ毛で、より大人っぽくラグジュアリーに。この王道美の中で、色で遊ぶのがIKKO流よ。ブラウン系だけで仕上げられることが多いクチュールメイクですが、まぶたにグリーンを、つけまつ毛はパープルをチョイス。アイホールのブラウンとグラデーションの形で王道を守りながら、色をアクセントにすることでIKKOらしいオリエンタルを表現しました。目もとに特徴があるので、チークは肌なじみのいいオレンジベージュ、唇はベルベットのようなベージュでヌーディに。

Oriental
make

Glamorous
make

IKKO流かっこ可愛いオンナはリッチなテラコッタ肌で

グラマラスメイクには、ツヤっぽくヌーディなテラコッタ肌が欠かせないの。グラマラスな女性には、強さとセクシーさが備わっていると思いますが、肌の色をテラコッタ系にすることで、それらが表現できるから。テラコッタといっても、単純に日焼けっぽく小麦色にするのは間違いよ。シェーディングの技術を駆使してリッチな肌に仕上げてこそ、テラコッタ肌なの。パール感のあるテラコッタカラーを、頬の側面や髪の生え際にしっかり入れてシェーディングをしていきます。グラマラスメイクのもうひとつのポイントは目もとよ。ブラウンのアイシャドウとブラックのアイライナーでぐるりと囲み、ボリュームたっぷりのつけまつ毛で目ヂカラをさらに強めて。唇はピンクベージュでヌーディに仕上げると、目もととの相性が好バランスです。

Bohemian make

ハッピーカラーで遊んで
現代版フラワーガールに

花柄いっぱいのお洋服を見たとき、ひらめいたのは亜土ちゃん（水森亜土さん）のイラストです。あのカラフルでハッピーな雰囲気が大好きなの。亜土ちゃんが描く女の子の特徴は、なんといってもまつ毛。なので、ボヘミアンメイクでは、つけまつ毛を全体に使ってポイントにしました。特に下まつ毛にもつけまつ毛をつけると'70年代のボヘミアンっぽい雰囲気がアップ。さらにファッションが持つハッピー感を生かすために、目のキワにオレンジ、アイホールにイエローのアイシャドウを入れました。亜土ちゃんのイラストにもよく使われる色みを、目尻寄りにタレ目っぽく効かせれば、ポップな女の子の完成よ。目もとが主役のメイクなので、チークは素肌の血色を高める程度、口もともツヤを効かせるのみでカラーレスにまとめています。

陶器な肌＆パステル目もとで
爽やかな愛され顔に

大人の女性におすすめのロマンティックなメイク。一番のポイントは肌の質感。はじめにうるおいをたっぷり閉じ込めておくことで、毛穴ひとつない陶器のように「すべっ、つるっ」な肌に仕上げています。ふんわりとした愛らしさを演出するためには、チークもとても重要よ。ピンク系のチークを頬に広めにかぶせて、さらにブラシに残った分をあご先にものせると効果的。バラ色の空気感が顔を包み込み、表情がぐっとガーリッシュになるの。目もとは上まぶたにイエロー系、下まぶたにはブルー、と大人でも真似しやすい爽やかなパステル使い。まつ毛は扇状にパラリと美しく開いて優雅さを漂わせました。品のあるロマンティックな顔にしたかったので、口もとはあえてツヤを目立たせず、リップライナーを使ってふっくら感のみ引き出しています。

Romantic make

Sabrina make

オードリーへのオマージュ
主役は凛としたまなざし

私の憧れの女性、オードリー・ヘプバーンが演じた『麗しのサブリナ』にインスパイアされたメイク。表現したかったのは、インテリジェントな女性です。凛《りん》とした知的なまなざしづくりには、アイラインが必要不可欠。リキッドアイライナーで太めに入れ、つけまつ毛で目尻の流れを強調すれば、よりキリッとした目もとになるの。また、知的なレディに見せたいメイクでは、チークを入れすぎないこともポイント。シャープに入れると古くさい感じになるので、肌に近い色を選んでふんわりと入れ、可愛らしさを残しています。口もとも同じで、真っ赤なルージュでは「いかにも」で、いまっぽいおしゃれ感ではなくなってしまうので気をつけて。グロスやシアータイプの口紅で、透明感のある赤みをのせればおしゃれで知的な印象になりますよ。

スプラッシュなまつ毛と
上気頬で優美な夏メイク

上気した頬と、ブルーの涼やかさがポイントの夏メイクよ。今回は、IKKO流フェミニンな夏メイクを表現したかったので、肌はテラコッタではなくベビースキン。上気した雰囲気を出すために、チークはピュアなピンク系を頬の高い位置を中心に、目の下くらいから幅広くぼかします。目もとは、まつ毛、アイライン、まぶたでブルーのグラデーションに。ペールブルーを上まぶたのアイホールと下まぶたにぼかし、目のキワは上下ともネイビーのアイライナーで締めて、目の印象を強くします。極めつけはターコイズのつけまつ毛。ブレスレットやピアスなどの石とコーディネートすることで、より涼やかなブルー感をアップ。目もとの強さとベビースキンを生かすために、唇は肌と一体化するようなヌーディなピンクでみずみずしいツヤを足せば十分よ。

Feminine make

シュウ ウエムラのアイラッシュは便利な変身メイク小道具

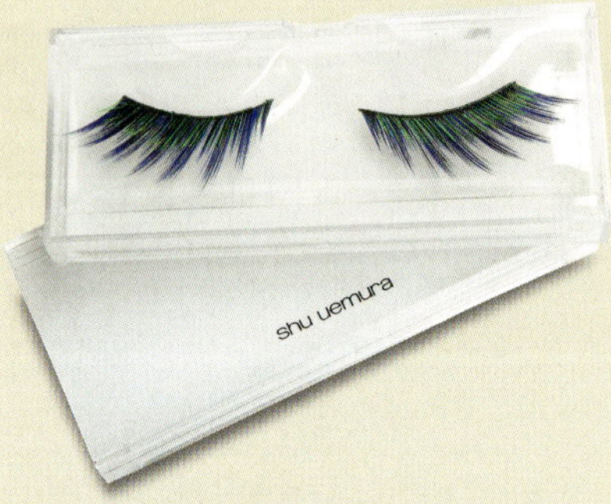

シュウ ウエムラのアイラッシュ。左から、ブラント ブルー￥5,250、ラディアント ブルー￥2,310、ベルベット フェザー私物　問シュウ ウエムラ表参道店☎03-3486-0048

目ヂカラがものを言う最近のメイク。パーティのときなど、いつもと違う自分の演出に、つけまつ毛はもってこいのアイテムです。特にシュウ ウエムラのアイラッシュは見ているだけでも楽しいデザインがいっぱい！　今回ご紹介した私のメイク作品のいくつかは、このアイラッシュからインスピレーションを得ています。

市販のつけまつ毛は、自分の目の形や大きさ、したいメイクに合うように、切ったり張り合わせたり、いろいろ加工するともっと楽しめますよ。使ったまつ毛はビンなどアールのついたものに張っておくと、カーブが保たれて長く使えます。いろいろ試して違う自分を見つけてみては？

IKKO's Happy Make-Up

オンナはいくつになっても可愛らしさが大事よ！
だから肌づくりはハッピーに、ピーチスキンが基本ね。
色が使いこなせないからいつも同じメイクになってしまうって人
最初から完璧《かんぺき》なメイクにしようとしないで！
少しずつ色を重ねてバランスを見て足していけば失敗しないわよ。
肌づくりから目ヂカラ３倍の驚きテクニックまで
IKKO流ハッピーメイクのコツを伝授しちゃいます！

第1章

Step 0

メイクをする前に

みなさんはメイクをするとき、どんなことを思っているかしら。
「目を大きく見せたい！」っていう人もいるだろうし、「いつもの流れでなんとなく」
って人もいると思うの。でも、自分の顔やメイクの効果について
客観的に考えたことありますか？　ここでちょっと立ち止まって考えてみましょう。

自分の顔をチェックしてみましょう

1日に何回も鏡を見ていても、自分の顔をまじまじと「観察」したことのある人は多くないはず。
また、メイクのときにもパーツごとでしか見ていないなんてことはないかしら？
実は「自分の顔」をしっかりととらえることは、メイクをする上でとても大切なこと。
ここでじっくりとチェックしてみて！

point 1
チェックのタイミングと方法

大前提はメイクをしていない、素《す》の状態だということ。その中でもお肌にしっかりと水分があるお風呂上がりが最適なタイミング。お風呂から上がったら、自分の正面に鏡を置き、まっすぐ顔が映るようにしましょう。

point 2
しっかりと自分の顔を見据える

鏡に映った自分の顔を見つめてみて！　顔の形をはじめ、自然に光の当たる部分や影のできる部分、肌の状態、生かしたい部分、カバーしたい部分など、自分の顔を客観的に観察して、右のメモに書き出してみましょう。

point 3
欠点にとらわれすぎない

自分の顔を見るとき、どうしても欠点に目がいってしまいがち。もちろん欠点を知るのも重要だけど、チャームポイントを知ることはもっと大切。「こうしたらもっとよくなる！」って思うほうが愛され顔への近道よ。

Self Check Memo

メイクパーツを知りましょう

もしあなたが、ただ何となくや思い込みでメイクをしているなら、あなたの魅力が十分に発揮されていない可能性も…。セルフチェックの次は、どこにどんな目的でメイクをするかを理解するためにメイクパーツを知りましょう。自分の顔の作りや特徴に合わせて、より自分らしいメイクができるようになるはずよ。

アイブロウ

「眉は顔の額縁」ともいわれるように、アイブロウひとつで印象も大きく変わるもの。左右どちらの眉が整っているか、眉の毛流れや形、長さなどをしっかり把握し、きれいなほうの眉を基準にします。

チーク

血色をよく見せる、顔にメリハリを与える、華やかさをプラスするなど、さまざまな効果のあるチークはIKKOメイクでは欠かせない存在。にこっと笑ったときに一番高くなる部分を中心にして肌にのせるのが基本です。

シェーディング

陰影をつけることによって顔の立体感や引き締め効果、小顔を演出するのがシェーディング。額からこめかみ、顔の側面、エラ、あごなどにかけて入れます。ハイライトと併せれば、よりメリハリをつけることができます。

ハイライト

立体感を演出するハイライトは、同時にツヤ感や透明感も引き出してくれます。基本的にはTゾーン、Cゾーン、あご先などに入れますが、自分の顔の中で自然に光が当たる部分に入れるように心がけるとよいでしょう。

アイシャドウ・アイライン

目もとに立体感や陰影、彩りを与えるアイシャドウ。グラデーションの入れ方や色の掛け合わせがポイントです。また、目のキワを縁どることで目を大きく見せるアイラインは、まつ毛の生え際の間を埋めるような感覚でラインをつなげていくのがコツ。

アイラッシュ
(マスカラ)

今やメイクに欠かせない存在のマスカラ。まつ毛を長くしたり、カールアップしたりすることで目の印象を強め、目を大きく見せる効果があります。つけまつ毛を使っていっそう印象的な目もとを演出することも。

リップ

リップはメイクの王道ともいえる部分ですが、最近はグロスだけという人も多いよう。だからこそ、口紅を使って丁寧に仕上げられた唇は、ぐっと色っぽさと女性らしさを強調できるポイントになります。

Step 1

スキンケア

これを読んでいる人の中には「早くメイクのテクニックを知りたい！」なんて思う人もいるかもしれないわね。でもね、何事においても基礎っていうのはとっても大事で、それはメイクでも同じことなの。しっかりとスキンケアをすることで、メイクの仕上がりがよくなるばかりか、化粧崩れも防げます。

1 ティッシュパックでしっかりと肌に水分を与える

ティッシュを数枚用意して化粧水をしっかりと染み込ませたら、洗顔後の清潔な肌に、鼻の穴を除いてのせて2〜3分間おきます。それ以上おくと水分が蒸発して、逆効果になってしまうので注意しましょう。

2 首のうしろを蒸しタオルで温める

適温にした蒸しタオルを用意して、ティッシュパックをしている間に首のうしろの少しくぼんだ部分（盆のくぼ）を温めましょう。毛穴が開いて化粧水がより浸透します。蒸しタオルは1〜2分おいたら冷める前にはずします。

3 美容液や乳液などで肌を整える

美容液や乳液を手にとって肌にのせ、水分をおし込むようにハンドプレスします。最後にクリームなどで水分を閉じ込め、肌を整えましょう。

IKKO's アイテム

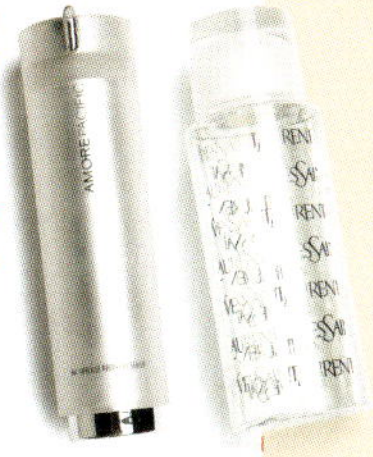

左／柔らかくロウのようになめらかな肌へと導くアンチエイジング美容液。バイオ インテンス セラム ￥30,450（アモーレパシフィックジャパン）、右／保湿効果の高いローションがじっくり浸透しふっくらとハリのある肌に。タン マジュール ローション ￥11,550（イヴ・サンローラン・パルファン）

IKKO's Advice

みんな～！　しっかりとお肌のお手入れはできたかしら～？　たった3～4分のケアで、お肌だって期待に応えてくれるんだから簡単でしょ？　しかも、朝気分よくスタートが切れるといい一日になりそうだし、何だか余裕のあるオンナって感じがするじゃない！　スキンケアこそメイクの基本。忙しいからって朝のケアを手抜きしちゃダメよ～！

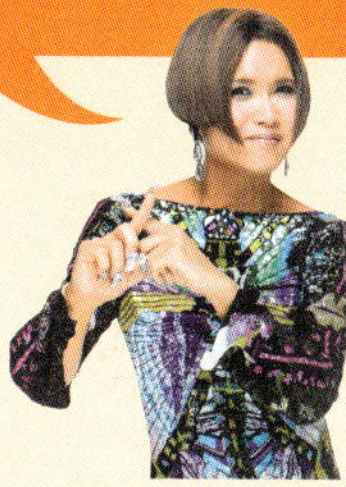

ステキな夜を演出するベビーなツヤ肌

彼との初めての温泉旅行！　すっぴんになるのは嫌だけど、ばっちりメイクも何だか…。そんなときにはIKKO流ベビーなツヤ肌はいかが？　方法は簡単。まず化粧水や乳液でいつものお手入れをしたあと、スキンケアオイルを顔全体になじませます。次にスキンケアオイルとパールホワイトの化粧下地を手のひらに適量のせて混ぜ合わせ、そこへリキッドファンデーションを少量加えてさらに混ぜます。それを肌にのせてパッティングすれば出来上がり。うるうるのツヤ肌で彼をドキッとさせて！（オイルによっては日焼けしてしまう可能性もあるので注意）

使用したオイル：左／ソンバーユ（無香料）70㎖ オープン価格（薬師堂）、化粧下地：右／タン パルフェ 19 ￥5,775（イヴ・サンローラン・パルファン）

Step 2

ベースメイク

さて、いよいよベースメイクのレッスンに入りましょう！　ここでは
ナチュラルスキン・ピーチスキン・テラコッタスキンの３種類の肌づくりを
紹介するので、ぜひそのテクニックを自分のものにしてくださいね。
シーンによって使い分けられるようになれば、メイクの幅がさらに広がるはずよ！

ナチュラルスキン

Natural Skin

ナチュラルスキンは、ここで教える3種類の肌づくりの中でも
一番ベーシックなもの。日常メイクの基本形です。
自分なりの応用を利かせれば、いろいろな場面で使えるし、
ちょっとしたコツで見違えるほどキレイに仕上がりますよ。
ここでしっかりと覚えてどんどん試してみてね。

1 ベースづくり

スキンケアのあと、光沢感のあるタイプのコントロールカラーを指にとり、頬・額・あごにのせていきます。

肌にのせたコントロールカラーをスポンジを使ってたたくように顔全体になじませます。下地が厚くなると化粧崩れの原因にもなるので、肌に多くのせてしまったらスポンジに吸わせて、この段階で調整しましょう。

2 ファンデーション

クリームファンデーションを平筆にとり、両頬・額・あごに塗っていきます。このとき筆で全部を塗ろうとするのではなく、広い部分にのせる感覚で塗りましょう。次にスポンジで1と同様にたたき込むようにしてファンデーションを顔全体になじませます。

IKKO's アイテム

美容液成分を配合した乾燥知らずのスキンケア感覚クリームファンデーション。なめらかに伸びて肌になじみます。タン マジュール ファンデーション 全8色 各 ¥14,700（イヴ・サンローラン・パルファン）

IKKO's Advice

下地でもファンデーションでも、しっかり肌と密着させることがとっても大切なの。下地やファンデーションを塗ったら、スポンジを使って肌になじませるというプロセスをぜひ習慣づけてみて！　このとき写真のようにスポンジに角が出ないように持つと均等に広げられるの。このひと手間でメイクの仕上がりも、メイクの持ちもぐっとよくなるはずよ。

3 チーク

ピンク系のチークカラーをチークブラシに含ませたら、にこっと笑ったときに一番高くなる部分を中心にして、心もち縦長にするようなイメージでふんわりと入れます。

4 ハイライト

リキッドタイプのハイライトカラーを、Tゾーン・Cゾーン・眉の下・目の下・あご先に少量ずつのせ、指先でたたき込むようにしてなじませます。

IKKO's アイテム

肌にしっかりと密着して、立体感と明るさをもたらしてくれる優秀ハイライター。ラディアント タッチ 全2色 各¥5,985（イヴ・サンローラン・パルファン）

5 フェイスパウダー

パウダリーファンデーションをフェイスパウダー用の大きめのパフにとり、もみ込むようにしてパフになじませます。Tゾーンや小鼻のワキを中心に、おさえるようにして顔全体に薄くのせます。

IKKO's アイテム

キメの細かい粒子がムラなく肌になじみ、透明感あふれるエレガントな肌に。パリュール クリスタルパール パウダリー ファンデーション 全8色 ケース込み 各￥8,190（ゲラン）

IKKO's Advice

ここでは仕上げのパウダーとして、パウダリーファンデーションを使っています。フェイスパウダーよりもカバー力があるから、きちんとした印象も与えられるの。仕上げのパウダーとして使うファンデーションは、ツヤ感があって粒子の細かいものがおすすめ！　つけるときはスポンジではなく大きめのパフで優しくのせれば、自然な仕上がりになるわよ。

ナチュラルスキン
完成！

Peach Skin

ピーチスキン

私がピーチスキンを作るときに心がけるのは、「お風呂上がりのような」みずみずしさのある肌ということと、「白いところは白く」といったメリハリのある肌にするということ。
イノセントな雰囲気を感じさせるピーチスキンで皆さんもガーリッシュなメイクを楽しんでみて！

ピーチスキンメイク例

1 ベースづくり

スキンケアのあと、光沢感のあるコントロールカラーとピンク系のコントロールカラーを手のひらで混ぜ合わせます。次に指や筆で頬・額・あごにのせ、スポンジでポンポンと軽くたたくようにして肌になじませます。

IKKO's アイテム

左／輝きをプラス。RMK コントロールカラー N 01 ¥3,675（RMK Division）、右／プロ仕様のコントロールカラーファンデーション。スティックファンデーション150 ¥1,890（チャコット）

IKKO's Advice

ピーチスキンを作る上で欠かせないのが、ピンク系のコントロールカラー。肌に血色を与え、若々しく健康的に見せてくれます。しかも光沢感のあるコントロールカラーと混ぜることでツヤ感と輝きをプラスしているの。違う種類のものを混ぜ合わせることで、狙いたい効果や好みのテクスチャーに近づけることができるのよ！

2 ファンデーション

クリームファンデーションを平筆にとり、なでるようにして大きく肌にのせたら、スポンジでたたき込むようにして肌になじませます。

3 チーク

ナチュラルスキン同様、チークブラシにピンク系のチークカラーを含ませ、にこっと笑ったときに一番高くなる部分を中心にして、少し広めに入れます。

4 ハイライト

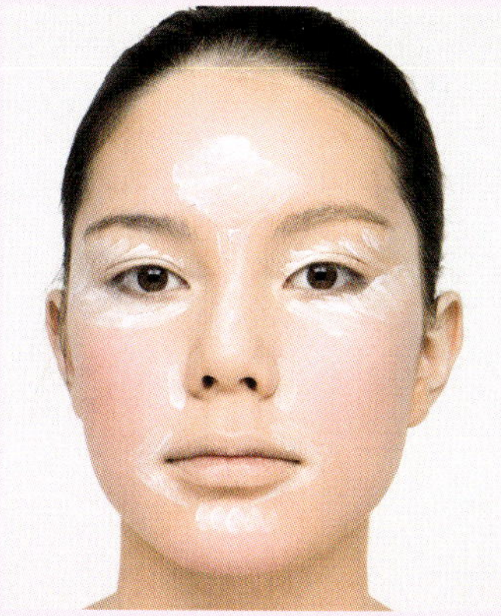

リキッドタイプのハイライトカラーをTゾーン・目のまわり・小鼻のわき・唇の下・口角・に少量ずつのせ、指先でたたき込んでなじませます。色は透明感の出る青みがかった白が理想的。コンシーラーやコントロールカラーで代用しても。

IKKO's アイテム

IKKOメイクに欠かせないプロ仕様のスポンジ。大きくて厚みがあるので、ムラなく仕上げてくれます。チャスティ ザ・メイクアップ バウンドタッチスポンジ ¥420（シャンティ）

5 フェイスパウダー

大きめのフェイスブラシにラベンダー色もしくは桜色のフェイスカラーをたっぷりと含ませ、肌をなでるようにして顔全体にふんわりとのせます。

IKKO's Advice

仕上げのパウダーに使うのはラベンダー＆桜色のフェイスカラー。日本人の肌にとてもなじみがよいのですが、残念ながら愛用の２つは販売中止。左／くすみを消して澄んだ顔色を演出。パステル タン エクスペール 63（ブルジョワ）、右／ラベンダー～桜色のグラデーションが◎。カラーコントロールパウダー 06（イプサ）

6 仕上げのハイライト

薄いブルーのフェイスカラーをブラシに含ませたら、こめかみから目の下までを囲うようにしてのせ、指先で優しくなでるようになじませます。仕上げにもう一度ハイライトを入れることで、よりメリハリのある肌に。

ピーチスキン
完成！

Terracotta Skin

テラコッタスキン

皆さんはテラコッタスキンと小麦肌の違いがわかる？
小麦肌というのは「日焼けした肌」なのに対して、
テラコッタスキンはシェーディングなどを効かせた
「グラマラスでリッチな肌」なの。
顔を小さくシャープに見せてくれる効果もあるから、
私自身はテラコッタメイクが定番。

テラコッタスキン
メイク例

1 ベースづくり

スキンケアのあと、光沢感のあるコントロールカラーとグリーン系のコントロールカラーを手のひらにとり、混ぜ合わせます。指や筆で頬・額・あごにのせたら、スポンジでポンポンとたたくようにして肌になじませます。

IKKO's Advice

テラコッタスキンづくりに欠かせないのがグリーン系のコントロールカラーなの！ 上／色ムラを補整して凛とした肌に。アクティ・マイン 3 ¥4,725（パルファム ジバンシイ）、下／カバー効果が高い練り状ファンデーションをベースとして使用。ベーシックフォーミュラ E1 ¥2,940（カバーマーク）

2 ファンデーション

自分の肌色よりも少し濃い色のクリームファンデーションを平筆にとって、なでるように大きく肌にのせたら、スポンジでたたき込むようにして肌になじませます。

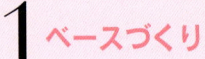

3 チーク

テラコッタスキンと相性のいいオレンジ系のチークをチークブラシにとり、にこっと笑ったときに一番高くなる部分を中心に、円を描くようにして入れます。密着感が高く、ヌーディな印象を与える練りチークもおすすめ。チークブラシで肌にのせたら、スポンジでなじませるとキレイに仕上がります。

IKKO's アイテム

フレッシュな発色とシアー感が見事に両立。健康的な肌を演出します。RMKシャイニー ミックスチークス 03 ￥3,150 限定発売（RMK Division）

4 ハイライト

リキッドタイプのハイライトカラーをTゾーン・目のまわり・小鼻のわき・あごに少量ずつのせ、指先でたたき込むようにしてなじませます。

5 シェーディング

テラコッタスキンの要ともいえるのがシェーディング。シェーディングパウダーやブロンジングパウダーを大きめのフェイスブラシに含ませたら、下の写真の赤く囲った部分を参考に、額から顔の側面、あごの先端まで影をつけていきます。

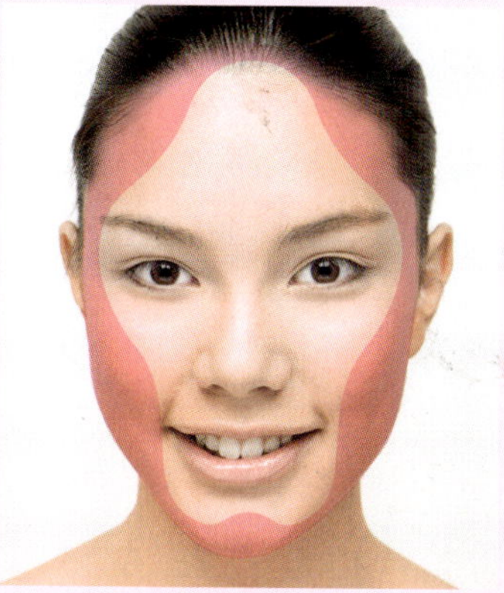

IKKO's アイテム

光沢感のあるプレストパウダー。ニュアンスカラーとしても重宝します。ブロンジング パウダー ゴールデン￥3,150（M·A·C）

テラコッタスキン
完成！

Step 3

アイブロウ

「眉毛を描くのは苦手…」そんな人も少なくないんじゃないかしら。そんな場合は、
左右どちらか形のいいほうの眉に他方を合わせるようにすると簡単です。
足りない部分を描き足していく感覚で、作りすぎないことが大切よ！
いまどきはややストレートで、眉尻は短めのナチュラル眉が気分。

1 毛流れを整える

アイブロウ用のブラシで眉山に向かって眉毛をとかし、毛流れを整えます。眉シェーバーなどで眉毛の長さも揃えておきましょう。

2 ペンシルでラインを決める

アイブロウペンシルを使って、眉山から眉尻に向かってアウトラインを描きます。眉山を頂点として、なだらかに下がるように描くと自然なラインができます。一気に描かずに、少しずつ線を重ねるようにすると失敗も少なくなります。

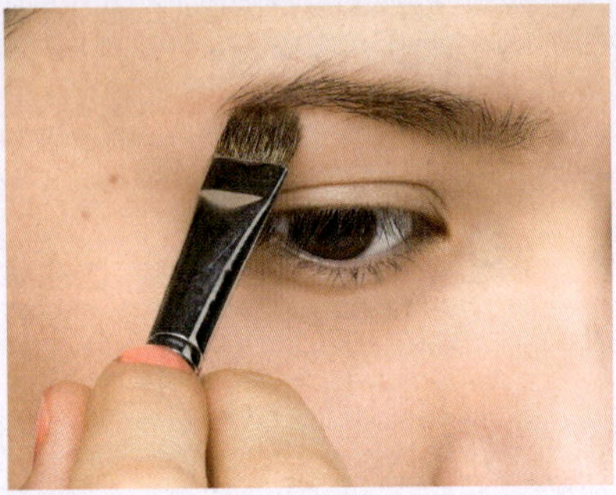

3 パウダーで仕上げる

自分の眉色よりも少し薄めの色のアイブロウパウダーをブラシにとり、2で描いたラインに重ねるようにして埋めていきます。ここで眉頭に濃くのせてしまうと不自然な眉になってしまうので、軽くぼかす程度にしましょう。

IKKO's
アイテム

左／豊富なカラーバリエーションが魅力のアイブロウペンシル。ハードフォーミュラ 全9色 各¥2,100（シュウ ウエムラ）、右／ブロウカラーと眉まわりに立体感を出すハイライトカラーのセット。ブロウ シェーダー 全5色 各¥2,730（M·A·C）

Step 4

アイメイク

今やメイクの中で一番のポイントはアイメイクよね。
アイメイクに長い時間をかけてるって人も多いんじゃないかしら。
ここでは、より大きく、より印象的な目を作るための
とっておきのテクニックを紹介するから、ぜひ挑戦してみてね！

つけまつ毛で目の印象がこんなに変わる！

つけまつ毛をつけるときのポイントは「カーブ」と「長さ」。
合うものであればそのままつけられますが、合わない場合は自分で曲げたり、
切って長さを調整したりしましょう。つけるだけで華やかさが一気に増すつけまつ毛、
取り入れないなんてもったいないわ。ぐっとアイメイクの幅が広がるはずよ！

スタンダードなタイプの、ボリュームを強調したつけまつ毛。黒目の上にくる中央部分を重ね合わせたことで、いっそう黒目がちな印象に仕上がるので、お人形のようなガーリッシュさが演出できます。

横のラインが強調されたタイプのつけまつ毛。ラインの広がりによる切れ長効果に加え、羽根のような優美なシルエットが、さらにシャープでモードな雰囲気を際立たせてくれます。

太さと長さがミックスされたタイプのつけまつ毛。まつ毛一本一本の存在感が強調され、セパレート感のある上品で洗練されたイメージに。下まつ毛にもつけると、よりインパクトのある力強い目もとになります。

下まつ毛にも　つけると…

目ヂカラ3倍実践講座

「目を大きく見せたい」「人を引きつけるまなざしが欲しい」というのは、
女性なら誰しもが思うことではないかしら。
そんな願いを叶えるべく、ここに「目ヂカラ3倍実践講座」を開講します！
「自分史上最大の目」が作れちゃうかもしれないわよ。

1 目尻のラインを引く

ブラックのジェルアイライナーを筆にとったら、指先で目の端を軽く引き上げ、まつ毛の外側にラインを引く感覚で目尻のラインを引きます。

2 中央のラインを引く

中央部分はまつ毛の外側のラインに加え、まつ毛の根元と根元を埋めるようにして引きます。

3 目頭のラインを引く

目頭はまつ毛の生え際の内側を埋めるようにしてラインを引きます。筆先などで目を傷つけないよう、十分に注意してください。

4 下まぶたにラインを引く

ブラックのペンシルアイライナーに持ち替え、目尻が一番太くなるように調節しながら、下まぶたのキワにラインを入れていきます。

5 下まぶた全体を縁どる

下まぶた全体を縁どるようにラインを入れます。目頭のラインは細めに入れるのが鉄則。太いと逆に目が小さく見えてしまうことも。

6 まつ毛をしっかり上げる

ビューラーで根元からしっかりとまつ毛を上げます。キレイにカールさせる必要はないので、しっかりと上げることを考えましょう。

7 平筆にマスカラをとる

マスカラ液を平筆にとります（平筆がない場合にはマスカラブラシのままでもかまいません）。

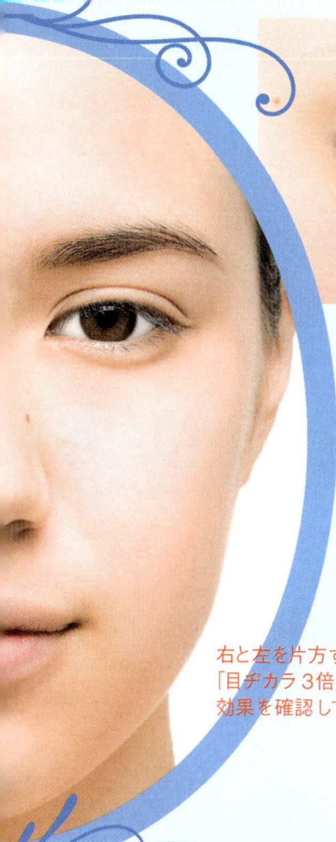

8 マスカラを塗る

マスカラ液をとった平筆で、まつ毛の根元から持ち上げるようにしっかりとマスカラを塗ります。

右と左を片方ずつ隠して「目ヂカラ 3倍」の効果を確認してみて！

9 細かい部分は歯間ブラシで

マスカラ液を歯間ブラシに含ませます（歯間ブラシがない場合には、ヘッドの小さなマスカラで代用してください）。

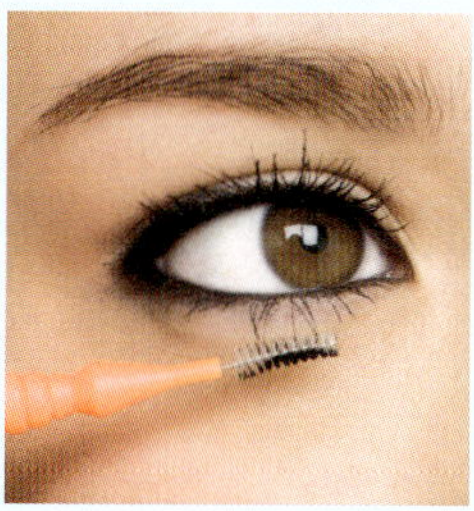

10 下まつ毛にマスカラを

歯間ブラシで下まつ毛にマスカラを塗ります。歯間ブラシを使うことで、細いまつ毛にしっかり塗ることができます。

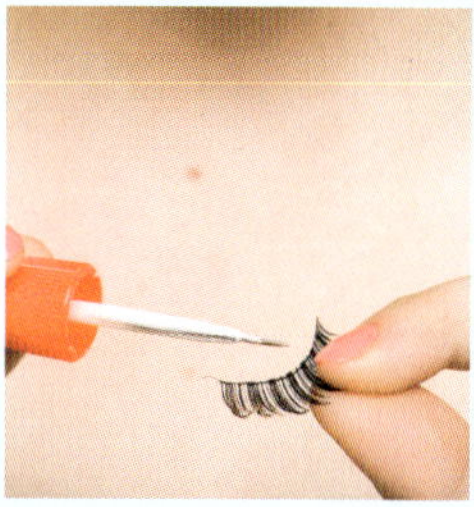

11 つけまつ毛をのせる

つけまつ毛の根元に二重まぶた用グルーをつけたら、まつ毛の生え際に沿うようにのせます。

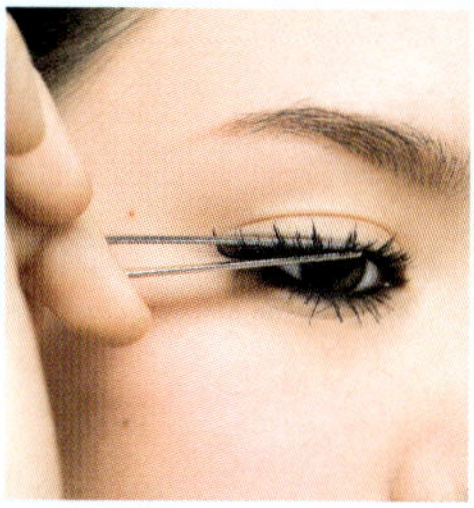

12 まつ毛となじませる

地まつ毛とつけまつ毛をピンセットや毛抜きなどで一緒にはさみ、優しくなじませるようにして一体化させます。

13 「目ヂカラ3倍」の完成！

IKKO's アイテム

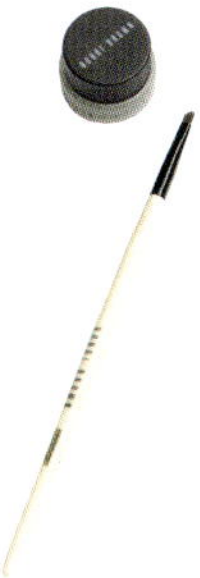

eye-liners

上／なめらかに伸びるジェルタイプ。ロングウェア ジェルアイライナー 01 ¥2,940、下／ジェルアイライナー対応のブラシ。ウルトラファイン アイライナー ブラシ プロフェッショナルサイズ ¥3,150（共にボビイ ブラウン）

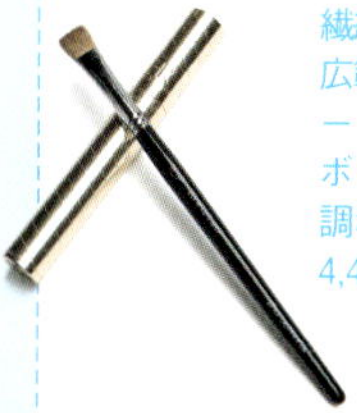

eye-lash

繊細なラインから大胆なタッチまで広範囲に対応のブラシ。コリンスキー 10F ¥8,400（シュウ ウエムラ）、ボリュームとカール、セパレートの調和。グロリアスマスカラ 01 ¥4,410（ヘレナ ルビンスタイン）

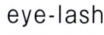

Step 5

リップメイク

唇ってとても「女性らしさ」が表れるパーツだと思うの。
しっかりとお手入れの行き届いた唇って、何だか余裕のある感じがするでしょ？
目もとの印象が強い最近のメイクには、ヌーディな口もとがフィット。
男性が思わずかぶりつきたくなるようなぷるぷるリップを目指しましょ！

Milky Lip

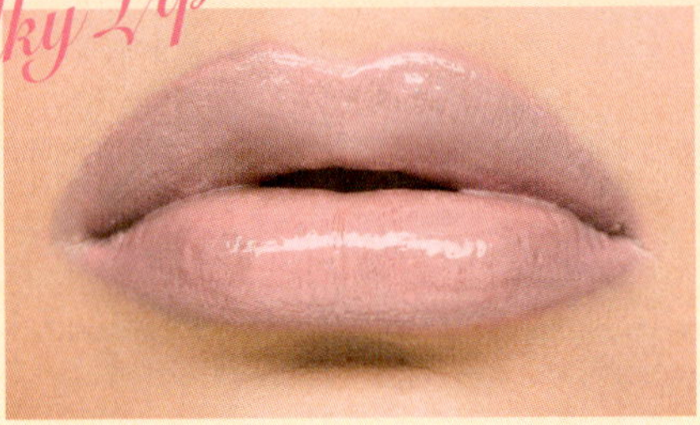

イノセントな雰囲気のミルキーリップはレア感が重要。あまり輪郭は強くとらず、口紅とグロスを交互に塗ったあとにリップライナーで整えています。

Nudie Lip

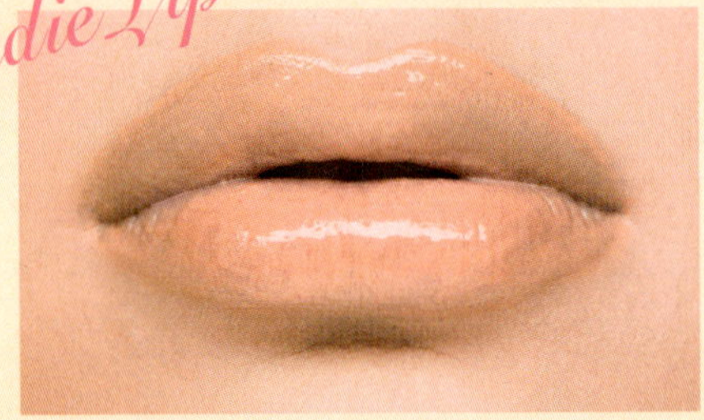

どんなメイクにも映える基本のヌーディリップは、とろけるような質感が魅力。リップラインを太めにとり、豊かなボリューム感を演出しましょう。

Noble Lip

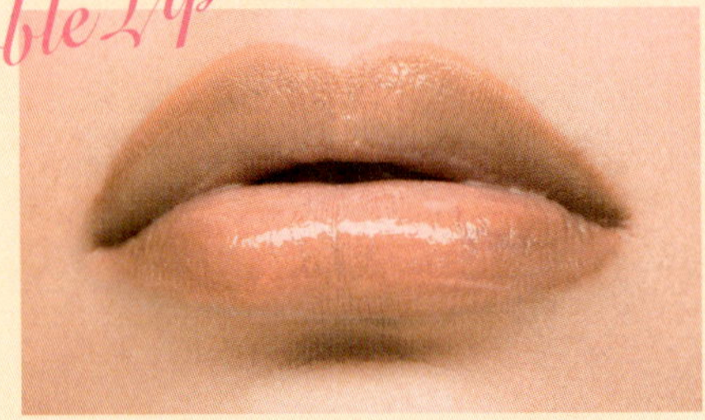

気品の中に知性を感じさせるノーブルリップは、しっかりとした輪郭をとるのがコツ。唇の山を強調することで芯の通った上品なイメージになります。

リップメイクの基本

まず、保湿効果の高いリップクリームや美容液、下地などでケアをしましょう。次に作りたい唇の形に対して、いらない部分をコンシーラーやファンデーションを使って消し、リップライナーで唇の輪郭をとります。ぽってりとした唇にするときは、実際の輪郭よりも大きく、オーバーリップ気味に描くようにしましょう。輪郭の内側を口紅で丁寧に塗りつぶし、最後にお好みでリップグロスを重ねて仕上がり感を調整しても。

IKKO's Advice

リップメイクをキレイに仕上げるには、日頃のケアがとっても大切なの。こまめにリップクリームやリップ用美容液などで保湿を心がけてね。私が愛用しているのは、シスレーの「バーム コンフォール」。いつものケアだけでなく、荒れが気になるときにたっぷりと塗ってその上からラップでパックするの。ほかのメイクをしている間そのままにして、ラップをはずせばぷるぷるふっくらの唇に！ 唇の荒れを効果的に補修し、うるおいを保つトリートメント。バーム コンフォール 9g ¥7,140（シスレージャパン）

上手なメイクの近道は
メイクブラシの使い分けにアリ！

私が使っている筆は、白鳳堂、RMK、シュウ ウエムラなど。絵を描くみたいな感覚でメイクすれば、ちょっと簡単に感じるかも

私のメイクボックスには常時50本以上の筆が入っていて、よく驚かれます。ファンデーションも筆なら均等におけるし、目のキワに細くラインを入れる、自然なグラデーションでぼかすなど、筆を使うと自分の思った位置に入りやすく、失敗が少なくなると思います。

最低限持っているといいのが、アイメイクの細かい部分に使う小さい平筆、穂先が平らなチーク用ブラシ、全体をぼかすための大きくて柔らかいブラシですね。使うときのコツは筆に均等に移しとること。顔にのせる前にいったん自分の手の甲にとって色みや濃さを確かめます。（だから私の手の甲は、いつもパレットみたいになっちゃうの！）

IKKO MAGIC

Part 2

実践レベル I

Model : Agatha　You Hirukawa　Rachel Rhodes

大人っぽい知的な印象を与えるオフィスもOKのリゾートメイク

メイクはトータルバランスが第一。顔を単体として見るのではなく、常に洋服やヘアのことを考えて、全身のバランスを見ながら作ることが大切よ。その上でいまの流行《はや》りを取り入れ、さらに色の組み合わせ方やグラデーションの形で、自分らしさを主張するのがIKKO流。

このメイクは日常はもちろん、リゾートにもピッタリな健康的なテラコッタ肌がポイント。目もとは肌なじみのいいゴールドをアイホール全体にぼかし、ダークグリーンのアイラインを上下まぶたの中央から目尻側部分に入れて、アーモンドアイを強調。その分口もとはヌーディシュに、ベージュリップで引き算を。チークはオレンジベージュ系を頬とあご先にのせてシャープさを演出し、大人のセレブ感を目指しました。

着物にも似合う
シックだけど
カワイイ
ピュアな乙女

シックな着物風の洋服とマッチするように、パープルのアイシャドウをチョイス。ニュアンス違いのパープルを幾重にも重ねながら、目もと全体が横長に見えるように、目頭から目尻側に広がるグラデーションに重点を置きました。さらに、目ヂカラアップが期待できるつけまつ毛をプラスして、小悪魔的なキャッツアイをサポート。このままだと大人っぽいだけで終わってしまうので、唇はあえてキュートな印象を与えるピンクカラーをオン。リップラインはくっきりと引かず、口紅を丁寧《ていねい》に塗ってからその上にグロスを重ねて輪郭をぼかしていく合わせ技で、上品だけどラフさも感じさせる口もとを演出。ヘアは前髪〜サイド部分だけを横でまとめておだんごを作り、和風テイストに仕上げました。

作り込まないゴージャス感でリュクスな女性を最大限アピール

鮮やかなグリーン×オレンジは、ナチュラルだけどリッチに見える、最高の組み合わせ。上まぶたのアイホール部分と下まぶたのキワ全体にグリーンのアイシャドウをのせたら、目の上下を囲むようにして、ブラックのアイラインを細く入れます。これで意志の強さを感じさせる目もとが完成。唇はグリーンと相性のいいオレンジで、ゴージャス感をアピール。チークはオレンジ系のカラーをほんのり色づく程度にオン。

メイクで知的かつゴージャスな印象に仕上げたので、ヘアを作り込みすぎてしまうとせっかくのイメージが台なし。全体のバランスを崩さないためには、いさぎよいポニーテールがベストです。インテリジェントに見せたいときは、シンプルヘアが一番クールよ！

3 枚重ねた つけまつ毛が主役 現代に甦った IKKO流 '70年代

このメイクのポイントは、なんといっても３枚重ねたつけまつ毛。つけまつ毛を主役にするためには、アイシャドウの色みや入れ方を少々控えめにすることが大切。まずグラデーションは縦方向には広げず、横に流れるように仕上げること。目頭はホワイトシルバーのシャドウでハイライト的に明るさを出し、目尻側は目のくぼみだけを強調するように色を

のせることで、IKKO流'70年代アイメイクを再現しました。このときの唇はツヤよりもしっかり色づくマットタイプを選び、しっとりとした質感をそのまま表現。チークは頬の中央から外側へ広がるように、ふんわりのせて。ダークカラーのメイクなので、全体が沈まないようにスカーフやターコイズのアクセサリーで明るさをプラスしてね。

雪景色の中でも可愛く映える少女チックなスノーガール

大人の女性のイメージが強いパープルシャドウも、メイクの仕方でこんなにガーリーに大変身。濃いめのパープルカラーを、上まぶたのアイホール部分と下まぶたにオン。目を囲むように同系色のアイラインを上下にくっきりと入れたら、つけまつ毛を目尻側の1/3部分だけにつけて、切れ長目を演出します。目もとの印象だけだとモードに転びすぎるの

で、口もとはツヤとうるおいをたっぷりと。さらにオーバーリップ気味にラインを描くと、ぷっくりとした豊満唇に見せられるので、ガーリーさをより強調することができます。スパイシーな目もとを作ったら、口もとはスイートに仕上げることを心がけると、バランスよいキュートさが生まれるわよ。チークもピンク系を丸く入れてスイートに。

自分の香りをもつことは極上のオンナへの第一歩ね！

幻の香水ヨープ（JOOP!・中央右）をはじめとする飾り棚の香水。こんなふうに飾るだけで女優気分になれるからステキです

子供の頃はクーラーなんてなくてね。ある夏の日「お前臭いな」と言われてすごく傷ついて、「大人になったらいい匂いのする人になろう」と決心したのが、私の香りへのこだわりの第一歩。ロケ先で出会ったドイツのブランド、ヨープのヌイド エテという香水が気に入って（日本未入荷）、それにクリスチャン・ディオールのプワゾンのバニラを混ぜています。ベースにはボディショップのボディバターのココナッツをつけているので、軽い甘さの複雑な香りになって気に入ってます。

ゲランをはじめ欧州の香水はボトルのデザインが美しくロマンティックな感じが好きで、飾り棚に入れてインテリアとしても楽しんでいます。

IKKO's Beauty Advice

全国各地で行われる私のメイクイベント会場では
美容に関するさまざまな悩みが寄せられます。
たくさんの方にヘアメイクをしてきた私の経験と
日々いろんな化粧品を試している中で、美容家として会得したことを
ベースメイク編、アイメイク編、チーク＆ハイライト編、リップ編に
カテゴライズしてアドバイスしましょう。
そして私の美容哲学や日頃実践していることも公開するわね。

第2章

Base make-up

ベースメイク編

粉っぽさがまったくない超微粒子。光の拡散効果で肌アラが目立ちません。パリュール クリスタルパール パウダリーファンデーション 全8色 ケース込み 各¥8,190（ゲラン）

Q ファンデーションを塗ったあと、小じわが目立ってしまうんです

A **しわを隠そうとリキッドを厚塗りすると逆に目立つの。パウダリーを使ってみて！**

リキッドファンデーションを使う人は、下地の段階でうるおいをたっぷりと肌に与えておくことが大事。それでも時間がたって乾いてくると、小じわ部分は地割れを起こしやすくなります。そこで、目の下など小じわの目立つ部分にはリキッドファンデーションを塗らず、パウダリーファンデーションをブラシでさっとのせましょう。パウダーのきめ細かな粒子による光の拡散効果で、小じわの影がぼやけます。しわが深いおばあちゃまの肌も、こってりリキッドを塗るより、おしろいで仕上げたほうがキレイに見えるでしょ。

Q “お疲れグマ”を自然かつ簡単に隠すワザはありますか？

A 薄いクマは肌色で覆うより光の反射でぼかすと簡単で、自然に隠れます

クマを肌色のコンシーラーでベタッと覆い隠すのは厚化粧に見えがち。特に練りの固いものだとかなりのテクニックが必要です。疲れによる薄いクマなら、光コントロール効果の高いパウダリーファンデーションで十分隠せますよ。肌よりもワントーン明るめの色を指にとってクマの影にすっとのせるだけ。お手軽でしょ。リキッドタイプのものがよいときは、しなやかに密着して光で影を打ち消すイヴ・サンローランのラディアント タッチ（P.26参照）がおすすめです。

肌自身が持つ肌内酵素に働きかける美容液。柔らかく、ロウのようになめらかなしっとり肌に。バイオ インテンス セラム 50mℓ ￥30,450（アモーレパシフィックジャパン）

たっぷり水分補給し、テカり肌をマットに整える化粧水。モイスチャーバウンド リフレッシング コンプレックス 50mℓ ￥13,650（アモーレパシフィックジャパン）

Q ランチ後にはもうメイク崩れ…鉄壁の下地術を知りたいです

A 下地は肌に入れた水分を封印するコーティング作業がもっとも大事です

フィット感のある下地づくりのためには、肌の水分と油分のバランスを適切な状態に保つことが大切。脂っぽくなるのも水分不足のサインよ。まずはまんべんなく化粧水を肌に入れるためにローションパック（P.22参照）がおすすめです。その後に、美容液、乳液、クリームのいずれかを均等に伸ばします。うるおい膜で肌をコーティングする感じです。あれこれ重ねると崩れやすいから、私はアモーレパシフィックの美容液を使っています。

Q きちんとカバーしつつ旬のナチュラル肌に見せるには？

A 目もと、特に目頭の下をがっちりカバーしないのがコツ

大事なのはメリハリだから、毛穴や色ムラが気になる小鼻から頬にかけては、しっかりカバーしてOK。ただし、よく動く目もとや口のまわりが厚塗りになると、一気に不自然に見えるから気をつけましょう。特に皮膚が薄くて、塗った感が出やすい目頭の下は厚く塗らないで。この小さなスペースをごく薄く仕上げるだけで、ぐんとナチュラルな肌に。

Q 憧れの毛穴レス肌をかなえる肌づくりの極意は？

A まずは水分補給して！その上で毛穴を隠すアイテムを使ってみて

毛穴レスとは、つまり〝肌をなめしたようになめらか〟ってことよね。最近は毛穴カバー効果の高いシリコン配合の下地が充実しています。いまはイヴ・サンローランのトップ シークレットがお気に入り。だけどいきなりそれらを使っても完璧《かんぺき》ななめし肌にはなれません。まずは、水分補給によってキメをきちんとふくらませるという基本が大事よ。

スピーディになめし肌へと導く新しいスキンケアアイテム。トップシークレット ラディアント スキンケア ブラッシュ￥7,665（イヴ・サンローラン・パルファン）

Eye make-up
アイメイク編

Q アイシャドウの効果的なグラデーション術を教えてください

A まぶたを開けたり閉じたりしながら、色を入れていく範囲を見極めましょう

ポイントは「どこまで色を濃く入れるか」です。それは、二重、奥二重、一重と目の形によって変わってきます。二重の場合はまつ毛キワから二重のラインまで色を濃く入れて。それより上はそのままぼかしていくだけで、単色でも立体感がきちんと出ます。奥二重と一重の場合は、まぶたが入り込んで色が見えなくなってしまうので、鏡を見て目を開けたり閉じたりしながら、下の図のように色が見えるところまで入れましょう。

花びらのように柔らかなテクスチャー。透明感と深みを両立したパープルなら、しっとりした大人の目もとに。ラディアント シャドウ カラーパレット No.461 ¥8,085（ゲラン）

ターコイズもゲランの手にかかれば、落ち着きのある上品で涼やかなグラデーションに仕上がるはず。ラディアント シャドウ カラーパレット No.490 ¥8,085（ゲラン）

目の形別　効果的なグラデーションの入れ方

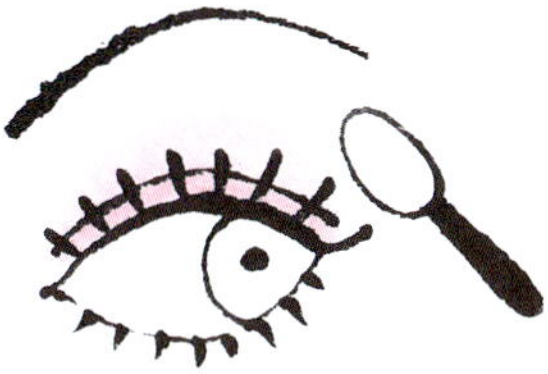

二重の人

目を閉じると二重のラインがうっすら残っているので、ラインの内側まで濃い色を入れて。それより上は同じ色か淡い色でぼかします。

奥二重の人

目を開け閉じして、まぶたキワからまぶたが入り込むラインのやや上まで濃い色を入れて。それより上は同じ色か淡い色でぼかします。

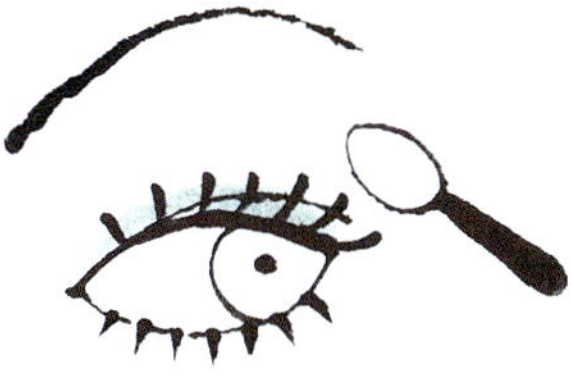

一重の人

濃い色をまぶたキワから入れていき、目を開けたときにほんの少し見えるまで広げて。それより上は同じ色か淡い色でぼかします。

Q IKKOさん自身のアイシャドウの色合わせが知りたい！

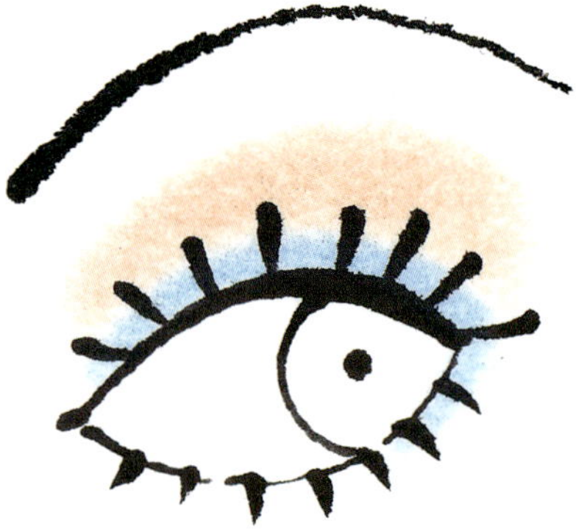

A 瞳をキレイに見せてくれるターコイズやグリーン系＋陰影のブラウンが効果的

私の肌の色にはターコイズがとってもキレイに映えるから、二重幅によく効かせる色はターコイズ。それより上のアイホールには、キワに入れたターコイズをそのままぼかしてもいいのですが、ここでIKKO流のひとヒネリ！あえてアイホールには上質なブラウンを持ってきます。すると、ナチュラルかつ引き締まった大人の魅力にあふれた目もとが完成です。

Q 下まぶたのたるみをアイメイクでカバーすることは可能？

A 下まぶたをライトアップすることで、ハリのある目もとに見せられます

下からライトを当てるように白光系のアイシャドウを下まぶたに入れると、たるみ感を払《ふっ》拭《しょく》できます。私が愛用しているのは、DHCのホワイトグリーンのアイシャドウ。明るさと同時に、冴《さ》えたまなざしを演出してくれるのです。下まぶたの黒目の下から目尻にかけて、小さめのブラシや細幅のチップですっと入れるだけ。簡単なのに効果は絶大！

グリーンベール（左）は私がよく下まぶたに使う色。オリーブオイル配合でしっとり吸い付くような粉質。DHC アイシャドウムーン 右からSA01、SA04 各 ￥525（DHC）

Q 目を大きく見せながら わざとらしくならない 自然なアイラインって？

A 重要なのは目尻の ハミ出し具合を見極めて 美しく仕上げること

目の横幅を大きく見せるのに欠かせないアイライン。目尻からどこまでハミ出すかで、目のサイズ感は大きく変わってきます。このハミ出しが自然に見えるギリギリのところを見極めれば、自分史上最大の目になれます。アイライナーは、くっきりとした濃さのリキッドがおすすめ。リキッドアイライナーが上手く引けないという人は、あらかじめアイシャドウでハミ出しの下書きをしてからなぞれば、失敗せずに仕上がりますよ。

失敗しないアイラインの引き方

鏡は顔の正面に据えて。伏せ目にしてアイラインを引きながら、目を開いて自然に見えるか、目が大きくなっているかを確認します。

1 アイラインの下書きは、グレイ系のアイシャドウ（ペンシルアイライナーでもOK）で。筆先が平らなアイライナーブラシで引きます。

2 薄目を開けてまつ毛の間を埋めるように、目頭から目尻へと筆を進めて。目尻のハミ出しの長さは、この段階で決めておきます。

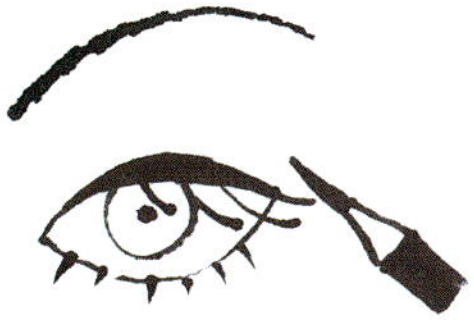

3 アイシャドウの下書きに沿って、リキッドアイライナーでなぞっていきます。筆先は、目頭側はやや立てて、目尻側はやや寝かせて。

4 目尻を軽く引っぱりあげると見えるくぼみもリキッドアイライナーで塗りつぶして。ここが自然に目を大きく見せる重要ポイント。

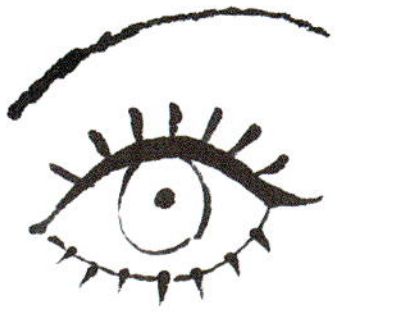

5 ハミ出しは横方向へすっと引き抜くように。ハミ出しの長さは、鏡でバランスを見てギリギリ自然と思えるところまで攻めてOK。

Q おしゃれに見えるアイシャドウの色選びの法則を教えて！

A なりたい顔に合わせて発色のよいモノを選んで。光感の上質さも大切です

さわやかで可愛さのある目もとになれるのは断然グリーン。アイメイク初心者でも扱いやすい色です。愛らしいまなざしに見せたい場合は、発色のよいピンク。鮮やかなグラデーションやカラフルさを楽しめるのは、私の大好きなターコイズです。定番のブラウンやゴールド、ブラック系は、肌と一体化するような色や光感のモノを選ぶとハズしませんよ。

グリーン系

RMKのグリーンは日本人の肌色にぴったりマッチする絶妙な色と質感。単色でもパレットでもグラデーションが作りやすくおすすめ。

ハズレ色がなく、絶品なグラデーションが簡単に作れます。RMK インジーニアス ナチュラルアイズ N 06 ¥6,300（RMK Division）

カジュアルに使えるシアーでスタイリッシュなグリーン。RMK ミックスカラーズ フォー アイズ 01 ¥3,990（RMK Division）

強い光沢感で、かっこよさも感じさせる目もとが完成。RMK メタリック パウダーアイズ 08 ¥2,100 ケース別売（RMK Division）

ターコイズ系

とてもよく愛用しているNARSのターコイズ。発色が素晴らしいし、２色使いで華のあるおしゃれな目もとを簡単にかなえてくれます。

まぶたの透明感を引き出すソフトブルーとターコイズの繊細なコンビネーション。NARS デュオアイシャドー 3041 ¥4,410（NARS JAPAN）

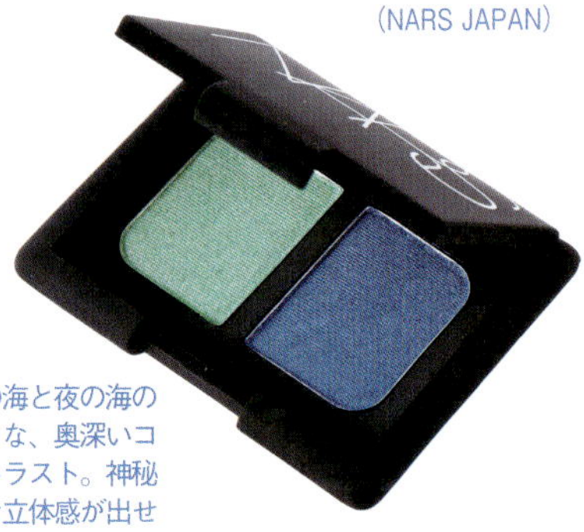

昼の海と夜の海のような、奥深いコントラスト。神秘的な立体感が出せます。NARS デュオアイシャドー 3044 ¥4,410（NARS JAPAN）

ブラウン・ゴールド系

粒子が細かく肌にすっと溶け込むような色と光感。NARSやジェーン・アイルデールのブラウンやゴールドは美麗なまぶたが作れます。

←ドラマティックな立体感を作れる光感のゴールド&ダークブラウンのコンビ。NARS デュオアイシャドー 3048 ¥4,410（NARS JAPAN）

→顔なじみがよく、温かみのあるゴールド系。ナチュラルで美しい仕上がりが魅力。NARS デュオアイシャドー 3059 ¥4,410（NARS JAPAN）

←細かなきらめきによって、くすまずに透明感のある発色を楽しめます。NARS シングルアイシャドー 2060 ¥2,625（NARS JAPAN）

→黄み肌に最適。ジェーン・アイルデール ピュアプレストアイシャドウズ ピーカンチョコレート ¥4,830（エム・アール・アイ）

←引き締め効果大。ジェーン・アイルデール ピュアプレストアイシャドウズ ブラウンシュガー ¥4,830（エム・アール・アイ）

ピンク系

「まぶたがハレぼったく見えそう」という声も多いピンクだけど、RMKのピンクなら大丈夫。発色がキレイでメリハリのある仕上がりに。

ガーリーなピンクに締め色のブラウンという親切な配色。RMK ミックスカラーズ フォー アイズ 04 ¥3,990（RMK Division）

立体感はベージュで仕上げて、ピンクはハイライトとして使っても。RMK ミックスカラーズ フォー アイズ 08 ¥3,990（RMK Division）

ブラック系

スモーキーで深みのある色みが充実しているM・A・C。目のフレームを囲むようなモノトーン系のアイメイクもばっちり決まります。

スモーキーなかっこいい目もとになれます。スモール アイシャドウ　上から時計回りにブラックタイド、プリント、ナイトトレイン 各¥2,415（M・A・C）

P.34・35
「目ヂカラ3倍
実践講座」も
参考にしてね!

Qつけまつ毛を IKKOさんのように 上手につけるコツは?

A ピンセットなどでつまんで、地まつ毛の生え際にぴったり沿わせましょう

ピンセットと二重まぶたを作るグルーを使うと付きも持ちもよくなります。まつ毛の生え際を鏡で確認しながら、つけまつ毛をピンセットで地まつ毛の生え際に沿ってのせ、端っこはピンセットで軽くおさえてから、指先で地まつ毛と自然になじませます。もしつけまつ毛の根元と地まつ毛の生え際がずれてしまっても、指先で微調整できるから慌てないで。つけまつ毛は、慣れればとても手軽に目を大きく見せられる最高のツールです。

つけまつ毛を上手につけるコツ

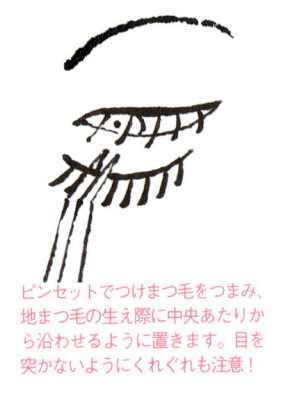

ピンセットでつけまつ毛をつまみ、地まつ毛の生え際に中央あたりから沿わせるように置きます。目を突かないようにくれぐれも注意!

ピンセットの先でまずは中央を軽くおさえてから左、右とおさえて。位置が決まったら指先で軽くつまみ、地まつ毛となじませます。

つけまつ毛が地まつ毛のキワからずれてしまったら、指先でそっとつまんでスライドさせるようにして正しい位置でフィックス。

Q 左右の二重の大きさがアンバランスで気になっています

A 二重まぶたを作るグルーとUピンを使えば簡単に解決できます

二重幅の調節は、二重まぶたを作るグルーとUピンを使うと簡単。Uピンのカーブ部分にグルーを塗り、あらかじめ決めておいた二重のラインに押し付けます。まぶたを折り込むようにして二重のクセをつけていきましょう。Uピンとグルーを使った裏ワザよ！

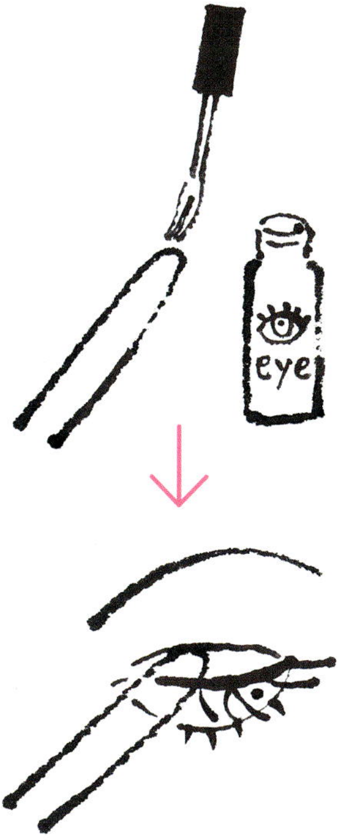

point

「指ビューラー」、なかなかいいアイデアでしょ？
でも指やまつ毛が湿っていると上がりにくいので、しっかりと水分をふき取ってからやるようにしてね！

Q 外出先でまつ毛が下がってきちゃった。どうしよう？

A 自分の指の腹をホットビューラー代わりに使ってカールを復活

そんなときは、〝人肌〟というぬくもりを利用しましょう。要は指先ホットビューラー。指の腹でまつ毛の根元からそっと持ち上げて約10秒くらいキープ。一気に全部を上げようとしないで、目尻、真ん中、目頭と部分的に指をずらしていくとキレイに上がります。

IKKO流 秘密のテクニック!

Q 派手顔を優しく見せるためのコツはありますか?

A アイメイクは軽く! ふわっと見えるような肌づくりを心がけて

Tゾーン、あご、下まぶたは、ファンデーションを薄く塗って肌にふわっとしたヌケ感を出しましょう。チークはサーモンやコーラルなど優しげな色みを選び、アイメイクはラインを強調せず、軽めに仕上げましょう。

Q 童顔なのでキリリと大人っぽく見せられたら…

A 眉の色や形アイライン次第で大人顔になれます

まずはストレートに近い太めの眉に仕上げること。でも、流行遅れに見えないよう眉の色は薄めに。あとはアイラインをしっかりキレイに引けば、理知的な表情に見せられます。

Q パーティメイクを成功させる秘訣はありますか?

A 自分自身に〝うっとり陶酔《とうすい》♥〟して挑みましょう

1時間半くらいかけてメイクして。といってもメイクを濃くするわけではありません。時間をかけることで、自分に「パーティの華になるわ」って暗示をかけることが大切よ。

Q 彼を虜《とりこ》にするデートメイクの極意を教えて！

A 瞳に反射する色をインサイドに入れると魅力的なまなざしに

パール感を効かせたまぶたは女同士のオシャレ感にはもってこいですが、彼とのデートでは瞳の輝きが大切。瞳に美しく反射するパープルやターコイズのインサイドラインでミステリアスなまなざしを演出して！

Q 疲れた印象をメイクで払拭するには？

A 口もとを鮮やかにすれば、顔色も一気に華やぎます

口もとに明るい色を持ってくるだけで、顔全体が元気な印象になります。私も疲れているときは、いつものヌーディ系の口紅を明るめのピンク系の口紅にチェンジします。

Q 彼ママに会う日のメイクに悩んでしまいます

A なんといっても"清潔で清楚な印象"これが大切です

清楚な印象が大事なので、素顔に近いナチュラルメイクをするのが賢明。初対面から自分を主張するメイクは必要ないのでは。あとはお母様を思いやる気持ちただひとつです。

Cheek & Highlight
チーク&ハイライト編

Q 顔の立体感をアップして、もっと印象的なメリハリを出すには?

A 眉の立体感を引き出すと顔全体のメリハリもアップしてきます

意外に忘れてしまっている人が多いのですが、眉のあたりを手で触れてみると骨が出っ張っていますよね？　この部分にハイライトをのせてあげることで、顔全体の骨格がぐんと際立ちます。繊細なパール感で肌の色をワントーンアップしてくれるようなアイシャドウか、肌の色に合ったハイライトパウダーを、ブラシで眉の上下にすっとのせるだけ。このひと手間があるのとないのとでは、顔のメリハリがガラリと変わってくるのです。

かすかにピーチがかった光を放つアイボリー。フェミニンメイクに似合う光感です。スモールアイシャドウ バニラ ¥2,415（M・A・C）

グレイがかったサテンベージュですが、肌にのせると玉虫色の光が表れます。スモールアイシャドウ シュルーム ¥2,415（M・A・C）

ピーチがかった発光感はあか抜けた素肌を演出。グローオン P ピーチ 42 ¥2,940（シュウ ウエムラ）

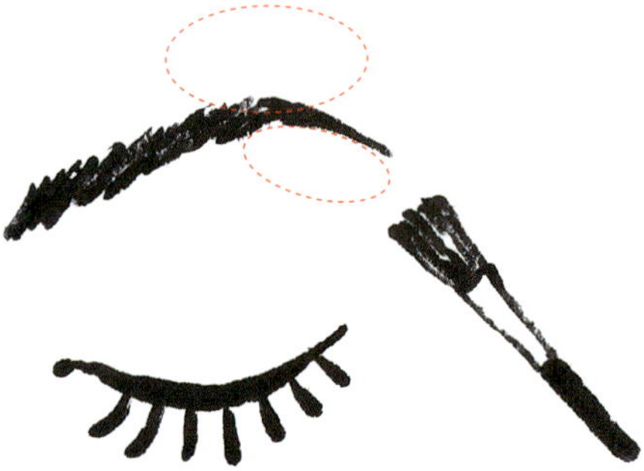

黄みがかったきらめきは日本人の肌にぴったりです。グローオン P ゴールド 91 ¥2,940（シュウ ウエムラ）

青みを帯びた輝きが表情に華やぎをもたらします。グローオンPピンク 31 ¥2,940（シュウ ウエムラ）

Q いまどき顔に必須のベビースキン。どうすればなれる？

A ポイントはチークです。マットとツヤ、質感次第で2つのベビースキンに

以前にセルロイドのお人形を見たとき、これぞベビースキン！と思いました。よく観察してみるとベビースキンに見える鍵はふんわり入ったチークの色みと質感だとわかりました。マットな色みのチークならロマンティック、パール入りの、色みが強めのチークならモードなベビースキンに仕上がります。

ロマンティックなベビースキン

重ねても透明感ある発色。フランス人形の頬のようにほんのりと染まります。チークカラー ローズペタル ￥3,150（ローラ メルシエ）

ふわっと広がるルースタイプ。赤ちゃんのように生き生きとした頬に。フェイスティント アプリコット ￥3,360（ローラ メルシエ）

顔色がぱっと華やぐライトピンク。ドールスキンづくりにぴったりな色めきです。シアトーンブラッシュ キュート ￥3,150（M・A・C）

モードなベビースキン

頬の丸みを美しく可愛らしく見せてくれる優秀なパールピンクです。RMK インジーニアス チークス 30 ￥2,625（RMK Division）

伸びやかな練りタイプ。ピーチ系の生き生きしたツヤが素肌と一体化します。NARS ザ マルティプル 1517 ￥5,040（NARS JAPAN）

混ぜてもOK。ツヤめき、血色、陰影感まで表現できます。RMK ミックスカラーズ フォー チークス 02 ￥3,990（RMK Division）

スタイリッシュなローズピンク、はんなり透けながら色ツヤが広がります。NARS ブラッシュ 4013 ￥3,150（NARS JAPAN）

Q チーク下手で…自然にふんわりと入れるには？

A 大小のチークブラシを駆使すればチーク上手になれます

大きいチークブラシを使うときは、手の甲やティッシュの上でひと払いしてからのせて。さらに色の境目を、小さめのチークブラシでぼかし込めばふんわり美しい頬が完成です。

プロ仕様のブラシは均一な色づきを約束してくれます。右からナチュラル 14 ￥4,200（シュウ ウエムラ）、B501 BkSM チークLL 丸平 ￥12,600（白鳳堂）

Lip リップ編

Q うっとりぷるんな憧れのヌーディ唇でもなかなか難しい！

A 色みだけじゃダメなの。リップペンシルで唇の形から変えましょう

〝うっとり感〟を出すには、ぷるんとしたボリューム感が必要。でもボリューム感は、ツヤめきだけでは出せません。はじめに太めのリップペンシルを使って、唇の形そのものを豊かにしてあげましょう。素の唇の色をカバーすることが優先だから、リップペンシルの色はやや濃いめのベージュでOK。オーバーリップ気味に描いたら、あとはヌーディな口紅を重ねます。おすすめはヌーディカラーのバリエーションが豊富なM・A・Cの口紅です。

コンシーラーをグロスに混ぜれば質感の違うヌーディさ！

リキッドタイプのコンシーラーを、色みの淡いリップグロスに少しだけ混ぜます。たったこれだけでヌーディ感が高まり、顔なじみ抜群のナチュラル系ツヤツヤうっとり唇が実現します。

くすみを光でぼかすコンシーラーはいろいろな部分に使えます。ラディアント タッチ 2 ¥5,985（イヴ・サンローラン・パルファン）

クールな印象のグレイッシュなピンクベージュ。NARS ベルベットマットリップペンシル 2461 ¥3,150（NARS JAPAN）

唇の色素が濃い人にはブラウン系がおすすめです。NARS ベルベットマットリップペンシル 2464 ¥3,150（NARS JAPAN）

唇の形をナチュラルに整えてくれる王道ベージュ。NARS ベルベットマットリップペンシル 2465 ¥3,150（NARS JAPAN）

白みの強いベージュは、唇の存在感を消してカラーレスに仕上げたいときに。リップスティック ミス ¥2,940（M・A・C）

かっこいい口もとを演出してくれるブラウンがかったキャラメルベージュです。リップスティック シス ¥2,940（M・A・C）

ピンク系なのでキュートにもグラマラスにも使える応用範囲の広い色です。リップスティック ヒュー ¥2,940（M・A・C）

Q 口角をキュッとアップしてモテ度を上げるには？

A 斜め45度で入れるハイライトでほほえみ感を演出して

口角をキュッと上げて見せるハイライトの入れ方があるので、ぜひ試してみて。下唇の左右の口角に沿って、45度斜め上方向に光のラインをブラシですっと入れます。肌色に溶け込むような繊細なパール感のハイライトパウダーを使うといいでしょう。このとき、唇の山のエッジも同じように光で際立たせると、立体感あふれる魅惑の口もとが実現します。あとは何事も楽しむポジティブな姿勢で、内面からハッピーな気持ちを持つことも大切よ。「笑顔は美人のもと」を心がけてね。

←エレガントなメリハリが作れるパウダー。マットとツヤ、2つの質感入り。プリズム・アゲイン！ 02 ¥5,985（パルファム ジバンシイ）

→夏も大活躍の美白処方。9つの光感であらゆる肌色に対応してくれます。DW ホワイトプリズム・イシム ¥7,140（パルファム ジバンシイ）

Q 目もととリップの上手な色バランスのとり方が知りたい！

A 濃淡や質感によって強弱をつければバランスがとれます

目もとを強めに作ったときは、色みを控えめにしたヌーディな口もとに。逆にビビッドなリップのときは、アイメイクの色みをあっさりと仕上げます。どちらも強い色みだとケンカしてキツい印象に見えてしまうし、薄ければぼんやり顔に見えてしまうので。片方を強くしたら、一方は弱く。この強弱バランスをおさえておけば必ずキレイにまとまります。

IKKO的

美の哲学

メイクアップという魔法をいっそう劇的に効かせて
キレイのオーラをもっと持続させるには
土台である肌・体・心のお手入れが必要不可欠。
内側からの美というのは
瞬時に手に入るものでも、これさえ使えばいい、
というものでもないと思うのです。
日々のスキンケア、体の中から健康を育《はぐく》むこと
そして何より気持ちの面から輝くこと。
いつでもフレッシュなIKKOをお見せしたくて
実践していることを、「美の4つの格言」とともにお話しします。

格言1 素肌力アップこそ永遠のテーマ

クレンジングは素肌力を引き出す第一歩

メイク汚れが残っていると肌荒れの原因になり、素肌力が衰えてしまうので、クレンジングは大切よ。洗顔料は、穏やかな肌当たりと確かな汚れ落ちの両立が決め手です。私が使っているのは、ランコムのアイメイクアップリムーバー。コットンにとって目もとをおさえ、横にずらすように動かすだけでアイラインやマスカラがするりと落ちます。アクセーヌの洗顔フォームも、すすぎ後の肌がつっぱらず調子が整うので気に入っています。

古い角質を柔らかくして、肌に負担をかけずに除去してくれます。優しく豊かな泡で、みずみずしい洗い上がり。アクセーヌ リセット ウォッシュ 200mℓ ￥3,150（アクセーヌ）

油性と水溶性の2つの層を混ぜて使うタイプ。皮膚の薄い目のまわりを刺激することなく、濃いアイメイクや落ちにくい口紅を落としてくれます。ビファシル 125mℓ ￥4,725（ランコム）

馬油パックのおかげでお肌は常に〝ツヤぷる〟

睡眠不足が続いたり、疲れがたまると、何をしてもダメなこと、ありますよね。そんなときの私の秘策は、夜のバスタイムにする馬油パック。洗顔してから馬油をやや厚めにのせて湯船につかって5～10分。オイル膜での密閉とスチームが角質を柔らかくしてくれます。不安なくらいガサガサにカサついてしまったときも、頼りになるパックです。夜はこのパック、朝のメイク前にはローションパック、これで肌はかなり復活します。

中国では古来から、火傷《やけど》や傷のケアに使われてきた馬油。独自の技術で油臭さが取り除かれている100%の馬油は、とても扱いやすいです。ソンバーユ（無香料）70mℓ オープン価格（薬師堂）

フェイスマスクは お手入れの常識！

最近は美容液がたっぷりと染み込んだフェイスマスクがたくさん出ていますよね。私がよく行く韓国では、日常的にリフティング系のフェイスマスクを取り入れている人が多いそうです。私も、SK-Ⅱのリフティングマスクを定期的に使っています。濃厚な美容液のうるおい、伸縮するマスク、Wの効果で化粧のり抜群なハリのある肌になります。

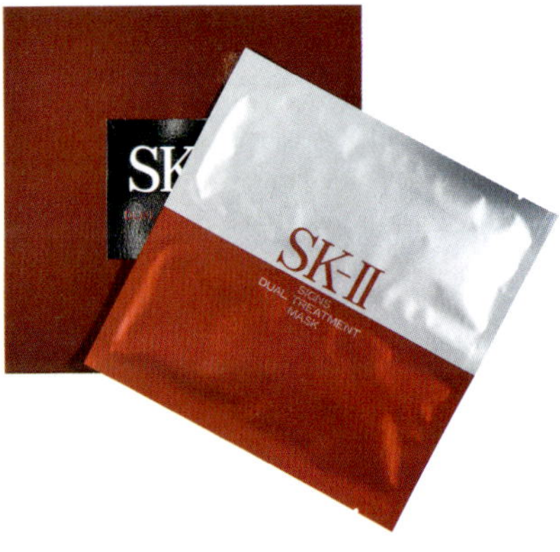

上はしわ伸ばし、下は持ち上げ、の画期的なマスク。SK-Ⅱ サインズ デュアル トリートメント マスク 1セット（上用1枚、下用1枚）×6枚入 ¥12,600（マックス ファクター）

メイクは60%からの バランスが勝負です

意外かもしれないけど、美しいメイクの仕上がりには、眉、目、唇…とパーツごとにひとつずつ完璧に作っていくという手順は、実はありえないの。大切なのはバランス。まずは目もとを60%の仕上がりでストップ。その60%のアイメイクに合わせてチークやリップの色を加減します。最後にヘアを仕上げたら全体のバランスを見て、足りない部分を補うのが鉄則。ほかの人にメイクをするときも自分自身にするときも、60%からが勝負です。

魅力的な表情は 練習してつかむのです

メイクで理想の顔立ちになれても〝表情〞までは作れません。テレビに出演させていただくとき、私はモニターで自分の表情をチェックします。「こういう気持ちのとき、自分はこういう表情をしているな」「あのとき、眉間《みけん》にしわが寄っていたわ」という感じです。「いい表情をしていたな」というときはその感覚を覚えておいて、時には練習したりします。

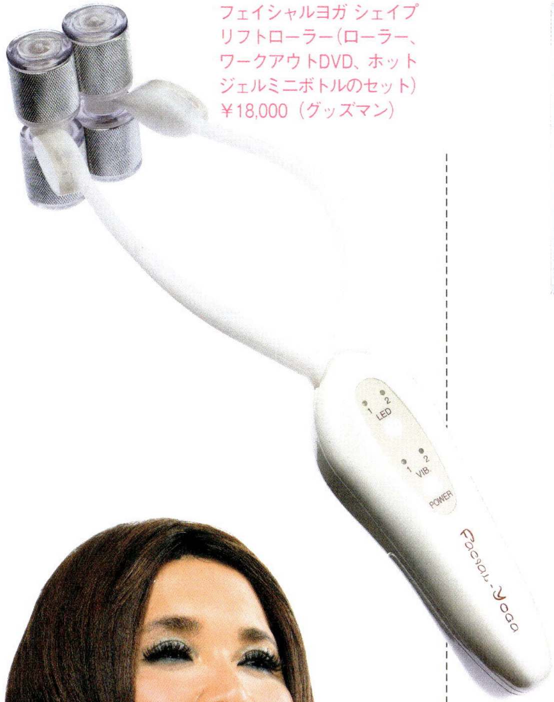

フェイシャルヨガ シェイプリフトローラー（ローラー、ワークアウトDVD、ホットジェルミニボトルのセット）
￥18,000（グッズマン）

シェイプリフトローラーはバイブ機能、ビタミンCやコラーゲンの発生を促すLEDライト付き。DVDで効果的に表情筋を鍛えられます。

温感が心地よく、セラミドやコラーゲン、CoQ10などを配合したジェル。ローラーと一緒に使うとリフトアップ効果が高まります。

今ハマっているのは
顔のコロコロローラー

IKKO流の美脚ケアに欠かせないコロコロローラーですが、最近はフェイス用のローラーも大活躍。顔のコリがほぐれるような使い心地が、とても気持ちいいのです。私が今愛用しているものは、肌の力を高めるLEDライトや、微振動によるマッサージ機能もついたタイプ。お肌の新陳代謝をよくしながら、顔全体をキュッと引き締めてくれます。

格言2 美しく見せる動作がオンナを上げる

座り姿勢

ウエストのくびれ、手のポジション、脚の組み方など、ほんの少し見せ方を工夫することで、周囲を魅了するような座り姿勢になります。どんなイスであっても、腰かけるときは浅めに。脚は軽く組むと、ポーズが決まりやすいと思います。ドラマティックに見せる大前提として、体の軸がぶれないよう骨盤を立ててキープすることも重要です。

曲線

座っていても、抜け目なくウエストのくびれをアピールしましょう。ここで気をつけたいのは上半身。背筋をまっすぐ伸ばし、肩を引いて軽くひねると、しなやかな曲線が出ます。

手の位置

手の置きどころは、だらんと下ろしていても、がしっと太ももなどをつかんでしまっていてもダメ。指先まで気持ちを行き届かせ、ふわりと軽く腰に添えるのがベストな位置です。

美脚ライン

脚を組むとき、ふくらはぎを押しつけると太く見えてしまうので気をつけて。片脚のひざと、もう一方の脚のふくらはぎが接触した状態を保ちます。組み替えるときは、ひざを合わせるように八の字にするとキレイですよ。

歩くときの姿勢

ダンサーの歩き方を見ていると、生き方まで生き生きしているように感じます。歩いているだけでステキな自分を演出できるなら、取り入れなくてはソンですよね。ここではIKKO流〝ボディコンシャスに見える歩き方〟のハズせないポイントをお教えします。あとは、脚がキレイに見えるハイヒールを履けば完璧です。

背筋

気持ちは晴れやかでも、背中が丸まっていては後ろ向きな印象を与えてしまいます。頭のてっぺんが天井から吊るされているようなつもりで背筋を伸ばし、胸を開いて堂々と！

手

座り姿勢と同じで、ただ両手を下ろして振って歩くよりも、片手をすっと腰もとに置くだけで優美な印象になります。ちょっとした指先のニュアンスも大事なのでお忘れなくね。

もも

「ももは見えないから」なんて手抜きはダメ。内ももが離れないよう脚を交差させて歩くと、ひざから下が美しく見えます。内ももが離れるとドタドタした歩き方になりがちです。

ひざ

ひざが外に向いてしまうと、急にガニ股《また》歩きになり男性的に見えてしまいます。ひざは真っすぐ前へ出しましょう。このとき、足先も外に向かないよう気をつけるといいですね。

手の仕草

和装の女性は、自然と手もとがしとやかに見えますよね。普段の生活でも手を添えてモノを持つ、交差の動きを取り入れるなど、柔らかな手の仕草によって女らしさを表現することができます。

格言3　美脚は一日にして成らず

美脚のための IKKO流アプローチ

脚にはこだわりがあるので、いろいろ研究しています。疲労物質の乳酸など老廃物がたまると脚がだるくなり、むくみなどの原因に。脚が疲れたな、と感じた日は老廃物を流し去るように念入りにコロコロローラーを使ってマッサージ。特にひざ上は少し圧を強めにして転がします。日々のウォーキングも美脚づくりに役立っていますし、ここぞというときにはきちんと脚メイクもします。

移動中の車内など暇さえあればいつもコロコロローラーでマッサージ。なかなか刺激しにくいヒップから太ももに、やや強めに転がすだけで手軽にマッサージできます。バラエティショップで簡単に手に入りますよ。

プラス、メイクでパーフェクトな美脚に

最近は日焼けをしていないので、生足ファッションを楽しみたいときは脚にもメイクをしています。肌の色よりもワントーン濃い色のファンデを、キメにすり込むように塗り上げると、より脚が引き締まって見えるのです。ファンデは舞台メイクにも使われるものなので、夜にはクレンジングできちんと洗い落とします。ストッキングをはく場合には、はいているとわからないくらいシアーで、ツヤ感も絶妙なランバンのものをずっと愛用しています。

適度なカバー力とクリアな発色が両立されているのでナチュラルに仕上がります。スティックファンデーション D-2 ¥2,100（三善）

さっぱりした感触でありながら、フィットした後は耐水性が高まり崩れません。フェースケーキ ライトエジプタン ¥2,100（三善）

「ボレーヌ」は私の肌色にぴったりで、生足と間違える人もいるくらいです。ランバン ストッキング LV 4000 ¥1,050（グンゼ）

日常の脚のお手入れはボディバターで

脚のラインを整えたら、次はなめらかさです。お風呂上がりのマッサージによく使うのは、ザ・ボディショップのボディバター。指すべりをよくして、艶《つや》やかな肌に仕上げてくれるクリーミィなテクスチャー、香りが豊富に揃っているのもお気に入りの理由です。特にココナッツなど、私が大好きな南国テイストの香りは、気持ちまでハッピーにしてくれます。

シアバターのほかババスオイルやミツロウを配合。乾燥肌もリッチにうるおいます。シア ボディバター 200mℓ ¥2,310（ザ・ボディショップ）

ココナッツの香りがとても上質。ソフトな肌当たりでなじむとすべすべに。ココナッツ ボディバター 200mℓ ¥2,310（ザ・ボディショップ）

格言4 内面からの美が究極の輝きとなる

人の2倍、3倍は努力

輝きは、少しの油断でくすんでしまいます。年齢を重ねるにつれ、美容家としては人並み以上の頑張りが必要です。でも「頑張れば、何とでもなる！」が私の信条。周りの人の美しさも認めた上で、努力を重ねています。

プロのダンサーに学ぶこと

昨年末にCDデビューさせていただいたこともあり、プロモーションやイベントのためにプロのダンサーとよく練習をするようになりました。踊ることはシェイプアップ効果も高くリフレッシュにもなっていますが、それ以上に学びがあります。プロのダンスを近くで見ていると、美意識、体のキレなど、ワクワクするような新しい発見がたくさんあるのです。

何があってもウォーキング

私はウォーキングによってウェイトダウンに成功し、健康も取り戻しました。なので、雨の日も風の日も、多忙を極めていても、日々のウォーキングは欠かしません。正しい歩き方が身につくまでは少し時間がかかりますが、継続は力なり。半年ぐらいたつと体がリズムを覚え、代謝が安定してくるので、体重がリバウンドしたりすることもなくなります。

ビタミン類は青汁やハチミツで補給

激務で食生活が乱れてくると、ビタミン類が不足してしまいます。体調のため、肌荒れなどを防ぐためにも、手軽にビタミンを摂れる青汁はほぼ毎日飲んでいます。また、新陳代謝と関わりの深い酵素は、年齢とともに体内での生産量が減ってくるということで、サプリメントで補給しています。それと最近のヒットは、天然のハチミツ"マヌカハニー"。整腸作用や抗菌効果が高く、食べてよし、お肌に塗ってよし、の逸品です。

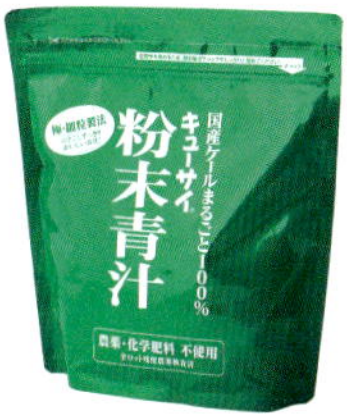

お水に溶かすだけなので、外出先でもとても便利。のどごしもよくて飲みやすい。キューサイ粉末青汁 1袋（420g）￥6,300（キューサイ）

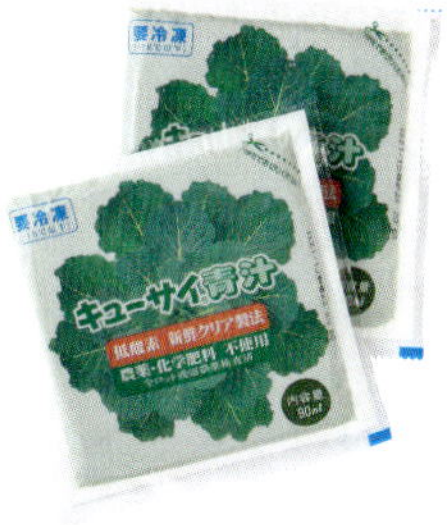

農薬や化学肥料をいっさい使わずに育てたケールのしぼりたて青汁です。キューサイ青汁 1セット（90mℓ×7パック）￥1,100（キューサイ）

先住民マオリ族はマヌカを"復活の木"と呼んだそう。オールビー ニュージーランドハニー マヌカハニー 250g ￥1,785（一高貿易興産）

付属のスプーン1、2杯で一日の必要量の酵素が摂れる植物性発酵食品。調和酵素（ペーストタイプ）175g ￥36,750（イオス すこやか倶楽部）

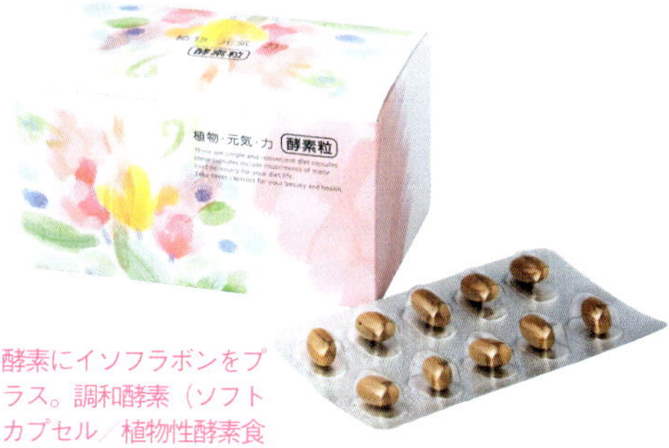

酵素にイソフラボンをプラス。調和酵素（ソフトカプセル／植物性酵素食品）1粒300mg×60粒入 ￥8,190（イオス すこやか倶楽部）

スタッフお手製の根菜きんぴらを常備

サプリメントも頼りになりますが、健康の土台となるのは、やはり食事です。少し前にお医者様と対談する機会などもあったので、あらためて血となり肉となる食べ物の重みを感じています。できるだけ頻繁に摂りたいと思っているのは、体を温めてくれて、食物繊維も豊富な根菜類。いつもスタッフが作ってくれる根菜のきんぴらは、すごく美味しいのです。この根菜きんぴらとふっくら炊き上げた十六穀米が、最近の私の活力の源です。

リラックスは睡眠と癒しのバスタイムで

たとえ3時間しか睡眠をとる時間がなくても、少しでも眠りの質をアップするため、ゆっくり湯船につかることは欠かせません。一番リラックスできるのは自宅のバスタブ。お肌のためにレモン風呂を楽しむ日もあれば、花びらを浮かべてうっとり優雅な気分に浸る日もあります。入浴剤なら、お湯がミルキーで柔らかくなるものが好きです。そしてお気に入りのリネンに包まれてベッドタイムを過ごせば、朝の目覚めもさわやかです。

IKKO的
美の哲学

なかでも一番好きな曲は「ワンナイトオンリー」のディスコバージョン。ドリームガールズ オリジナルサウンドトラック ¥2,520（ソニー ミュージックジャパン インターナショナル）

モチベーションアップのもと

気持ちを切り替えて、テンションを上げたいときには音楽の力を借りています。映画『ドリームガールズ』のように、もっともっとステキになっていきたい。映画を見たときの前向きな気持ちを思い出させてくれる、ドリームガールズのサントラは最近のベストCDです。

美脚のため
オンナですものハイヒール命です

好きな靴はグッチやフェンディのもの。洋服と一緒に同じシーズンのコレクションから買って、テイストを揃えています

本当はそんなに背が高くないのもコンプレックスのひとつでした。でもドレスやスカートをはいてもいいんだって思えるようになってからは、ハイヒールで美脚に努めてます。ヒールだけでなくソール部分も高くなっているものなら少しは疲れにくいし、背が高く脚も長く見えて、いいでしょ。ファッションは全体のバランスが大事。足もとまで見える鏡を玄関に置いて、必ずチェックしてから出かけます。

ただし、一日中こんなに高いヒールでは疲れてしまうので、普段はピンクのアディダスのサンダルやグッチのウエッジソールのサンダルにジャージが定番です。いいオンナはオンとオフの使い分けが大事なの。

IKKO MAGIC

Part 3

実践レベルⅡ

Model : Agatha　Rachel Rhodes　Sharen Ichiba

アート性のある京劇風メイクでみんなの視線をくぎ付けに

実践レベルⅡでは、普段なかなか使わない色の合わせ方や、ひと味違ったIKKO流メイク法をご紹介します。このメイクは、京劇を連想させるチークの入れ方が最大のポイント。頬の外側から目頭に向かって三角形状に入れて、アート性を演出。さらにチークの色と同じオレンジ色がアクセントになった服とのコーディネートで、少し変わった入れ方でも自然になじんでおしゃれに見えます。目もとは色で主張せず、チークのオレンジ色と相性のいい色みをセレクト。上まぶた全体と下まぶたの目頭には明るいシルバーをのせ、上下の目尻にはレッドカラーをライン状に入れます。まつ毛はナチュラルに見えるように軽めに仕上げ、リップは肌なじみのいいベージュで、さらにチークの印象をアップ！

なじみ色こそ形で主張するひと味違うアーモンドアイ

ボリュームがあるヘアスタイルのときは、メイクで使う色そのものにこだわるよりも、色の入れ方で工夫をしたほうが洗練された印象を与えます。アイシャドウは、肌なじみのいいブラウン〜オレンジのグラデーション。実践レベルⅠのリゾートメイクと同様、アーモンド形に入れました。ただ、さらに形を強調するために、ぼかす範囲を上まぶたのアイホ

ールから眉下あたりまで広げています。下まぶたもきっちりと隙なく囲み、自然なつけまつ毛をつけたらアイメイクは完成よ。リップは、目もととのバランスを見てホワイトピンクをのせて。チークもピンク系で統一感を出し、頬の真ん中から丸く入れて外側まで広めにぼかします。昔のボヘミアンを彷彿《ほうふつ》とさせる、民族調を表現してみました。

夏に咲き誇る
向日葵《ひまわり》のように
鮮やかで
フレッシュ！

インパクトのあるオレンジ色のつけまつ毛にインスパイアされたメイク。上まぶたはホワイトカラーを全体にぼかし、アイラインをペンシルで引いてマスカラをオン。下まぶたのアイラインは目の形に沿って描くのではなく、あえて一直線に真っすぐ描くこと。これは’70年代に流行《はや》ったラインの入れ方で、目を大きく見せる効果が抜群。つけまつ毛をつけ

たら、下まぶたにバランスを見つつ、同色のオレンジのアイペンシルで一本一本直接描いていくと、まるで花びらのようなアイメイクの出来上がり。印象的な目もとを生かすために、こめかみをイエローシャドウでシェーディングし、オレンジチークを頬の真ん中とあご先にふわっとのせます。唇はヌーディ。アートなメイクはトータルバランスを心がけてね。

女性の中に隠れた永遠の少女が魅《み》せるメイクを作り出す

少女のイメージが強いピンクカラーも、メイクによってはこんなに大人っぽい印象になるのよ。アイメイク自体、特に難しいテクニックは使っていません。アイシャドウは今まで通り、上まぶたはアイホール全体にピンク系シャドウをぼかし、下まぶたのキワにも囲むようにのせるだけ。ポイントはパープルのつけまつ毛。束感のあるつけまつ毛は、目の印象をぐっと強め、惹《ひ》きこまれるような色っぽさを演出してくれます。ただこれだけでは、つけまつ毛が浮いて見えるので、ネイルアートなどで使う3Dの花を２つちょこんと左目尻につけて、ニュアンスをプラス。女性の中にかいま見える少女性を表現しました。チークとリップは女性らしいベージュピンクで、アクセサリーの色と統一感を出しました。

オブジェなまつ毛が新しいアート感覚の究極メイク

今回の作品で、最もアーティスティックなものとなったのが、このメイク。普通メイクをするときは、洋服やヘア、モデルなどさまざまな要素を踏まえた上で決めますが、このメイクではオーストリッチのつけまつ毛を主役としてどう使うか、それだけを考えてメイクしたの。その分ベースからアイ、リップまですべてにヌーディな色をチョイス。特にアイシャドウやリップは、ほとんど色を使っていません。重要なのは、下まつ毛の描き方。上のまつ毛がフワフワしている分、どうしても目が引き締まらずぼやけて見えてしまうので、逆に下まつ毛はシャープにすることが大事。目頭から目尻に向かってだんだん長くなっていくように、黒いリキッドライナーで直線的に描けば、アート性もぐんとアップよ。

私のこだわり　その5

どんなことがあっても
仕事環境へのこだわりは捨てずにきたの

ある日の撮影スタジオ。アシスタント３人がかりで、準備と片付けに１時間ずつかかるという、メイク道具の多さ

日本一荷物が多いヘアメイクって、陰で嫌みを言われていたかもしれません。撮影現場で変更が出たとき、用意がないからできませんとか、適当にごまかすってことがイヤな性格なので、できるだけ持っていきたい。女優さんの体調を整えるフットバスや加湿器、冷房対策の毛布も必要…といろいろ考えると本当にすごい荷物になってしまいます。その準備だけでも小一時間かかるので誰よりも早く現場に行きます。文句を言われても、スタンスは変えませんでした。結果的にいいものを作ることで、現場スタッフが私のやり方を理解してくれるようになり、多くの女優さんから支持を得られたこと、本当に感謝しています。

第3章

IKKO's Recommend Cosmetics

化粧品選びはメイクの楽しみのひとつよね。
いろんな情報を知りたいのもオンナゴコロ。
2,000円以下のプチプラコスメから、見た目もステキな胸キュンコスメ
スキンケア、スペシャルケア、ボディケア、ヘアケア
インナーケア、そしてお役立ちコスメまで
使ってよかったものに加えて
編集部セレクトの話題の商品も満載でお届けします。

Petit price《プチプラ》

みんな、「高機能＝高価格」って思ってない？
可愛いお値段のものだって優秀なアイテムはたくさんあるのよ！
ここに集めたのは2,000円以下で買えるものばかり！
もちろん機能だってばっちりよ。
お気に入りを探して試してみてはいかが？

にじまない、崩れない！ 一日中続く「つけたて」感

水分・油分どちらにも強く、たっぷりの繊維で上品な長さとボリューム感も実現してくれます。バニティフリーク ロングカールマスカラ ￥1,575（マンダム）

ジェルで作る 美しいセパレートとツヤ感

漆黒《しっこく》のジェルがまつ毛をすっと伸ばし、束づきのない、ツヤのあるなめらかなまつ毛を演出。ケイト マジカルロングジェルマスカラ ￥1,575（カネボウ化粧品）

上品ロング＆カールで 大人のまなざしに

角度のあるブラシがまつ毛を根元からリフトアップ。カールもしっかりキープ。メイベリン ラッシュエクステ ラスティングカール ￥1,470（メイベリン ニューヨーク）

乙女ゴコロをくすぐる
キュートなチークカラー

一体になったチークカラーとパールカラーをブレンドすれば、好みやシーンに合わせて使い分けることもできます。ラブクローバー ポンポンチーク PC N 全4色 各¥1,680（B&Cラボラトリーズ）

美眉を作り上げる
極細芯アイブロウ

繰り出し式、0.97㎜の極細芯なので、眉毛の一本一本を描き足す感覚で繊細なラインを作ることができます。スージー スリムエキスパート 全3色 各¥1,260（SUSIE N.Y. DIVISION）

カバー力＋ツヤ感で
スキのない肌を実現

密着感のあるパウダーでファンデーション並みのカバー力を発揮！ 強力な紫外線もカットしてくれ、毛穴も隠せる高機能なフェイスパウダーです。サナ カバコン 全2色 ¥1,365（常盤薬品工業）

可愛いだけじゃない！
実力派保湿アイテム

唇と手肌の保湿にも手を抜かないのが鉄則！ 可愛らしいりんご型のリップクリームやみかん型のモイストクリームならオフィスの机に置いても。どちらもみずみずしい香りです。右から、アップルちゃん リップクリーム 9g ¥693、みかんちゃん モイストクリーム N 30g ¥798（共にB&Cラボラトリーズ）

グロスで魅せる大人の愛され唇

グロスはセクシーさもピュアな可愛らしさも引き出せるアイテム。選ぶときには色みや質感だけでなく、発色や持ち、フィット感、唇への優しさなどもポイントにしましょう。上段／なめらかなテクスチャーと発色、肌なじみのよさが秀逸。NYX リップグロス 全10色 各￥1,134（ボンシック）、下段／コクのある使用感で、つけた瞬間つやぷる唇に。エテュセ リップグロス 全12色 各￥1,575(エテュセ)

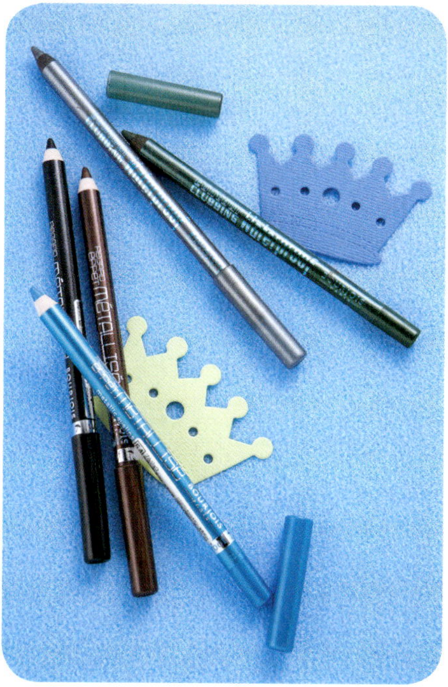

輝く視線にくぎ付け！流れ星級きらめきライン

たっぷり入ったラメが肌にしっかり密着。太さや量などを調節してさまざまなシーンに。キャンメイク スーパーグリッタライナー 全3色 各￥609（井田ラボラトリーズ）

Petit price

アイライナーで生み出すドラマティックな視線

印象的な目もとを作るアイライナー。左の3本／柔らかな伸びと発色、落ちにくさが見事。ブルジョワ ルガール エフェ メタリゼ 全7色 各￥1,050、右の2本／きめ細かなパールの輝きで、より華やかな目もとに。ブルジョワ コントゥール クラビング ウォータープルーフ 全4色 各￥1,155（すべてブルジョワ）

「自分の色」を探せる豊富なラインナップ

鮮やかな発色と洗練された色の豊富さが秀逸。ドライ使い、ウェット使いのどちらにも対応しています。ブルジョワ オンブル ポピエール 全18色 各￥1,995（ブルジョワ）

ひと目ぼれ

Fascinating Items

女性にとって、身の回りに置くものは機能性だけでなく、
見た目の可愛らしさっていうのも、とっても大切な要素よね。
ここでは、持っているだけで気持ちが華やぐ
「ひと目ぼれ」アイテムたちをご紹介するわ！

繊細な配色が織りなすエレガンス

計算され尽くした配色で、透明感と内側からにじみ出るような輝きを演出するフェイスパウダー。メテオリット プードル ペルル 全3色 各¥9,975（ゲラン）

乙女ゴコロを刺激するキュートなルックス

ゴージャスさとエキゾチックな感覚が融合した、ロンドン発のナチュラルコスメ。丸型容器：B パウダーアイシャドウ 全32色 各¥3,150、ハート型容器：B リップカラー 全17色 各¥3,150、四角型容器：B リップグロス 全10色 各¥2,940、ブラシ 全8種 ¥1,890〜¥6,510（すべてB never too busy to be beautiful）

バラに囲まれた優雅なメイクタイムを

バラのモチーフが特徴的なアナ スイのコスメたち。優美な世界観に浸りながらメイクを楽しんでみて。左から時計回りに、アナ スイ スイ ルージュ 全38色 各¥2,940、アナ スイ ルース コンパクト パウダー UV 全6色 ケース込み 各¥4,725、アナ スイ ミニ ルージュ 全10色 各¥2,100（すべてアナ スイ コスメティックス）

たおやかな香りに包まれて
優雅な気分に酔いしれる

洗練された香りとパッケージが魅力的なモアのアイテム。気品と格調が漂うシノワズリのラインは贅沢な時間を演出します。左から、モア シノワズリ ティーカップキャンドル ジャスミンティー ￥6,300、モア シノワズリ バスティー ピオニーフラワー ￥5,250（共にグローバル プロダクト プランニング）

ポーチに潜ませる
大人のオンナの品格

重厚感のある黄金のコンパクトに収められたきめ細かなプレストパウダーで、シルクのようになめらかな肌に。ゴールデン アリゲーター コンパクト ￥6,300（エスティ ローダー）

優美なソープたちの
ロマンティックな誘惑

香り高く、繊細な作りが特徴のジアンナ ローズ アトリエのソープたち。どんな女性にもある永遠の少女性を誘い出し、まるでおとぎの国に迷い込んだかのような気分にさせてくれます。右手前から時計回りに、ジアンナ ローズ アトリエ エンジェルソープセット ￥3,360、ジアンナ ローズ アトリエ トルソー２個 ￥4,515、ジアンナ ローズ アトリエ ウサギ（ソープディッシュ付き）￥3,885、ジアンナ ローズ アトリエ コーテリーデローズ４個（ソープディッシュ付き）￥5,355（すべてグローバル プロダクト プランニング）

スキンケア

Daily Care

スキンケアこそ「輝く自分」への、もっとも基本的でもっとも大切なステップ。
毎日使うものだからこそ、アイテムは肌に優しくて効果的なものにしたいわよね。
「継続は力なり」って言うでしょ？ 気持ちを込めたお手入れを続ければ、
あなたもお肌のコンディションを正確に把握できるようになるはずよ。

「私に優しく」がコンセプトのオーガニックスキンケア

オーガニックな植物由来成分のみで作られた製品。左から時計回りに、Doux me ローズミルククレンザー 100㎖ ¥9,030、Doux me ネロリウォーターミスト 100㎖ ¥6,300、Doux me デイ＆ナイト ナリシングフェイスクリーム 50㎖ ¥9,975（すべてワイズポリシープラス）

肌本来の透明感を呼びさますブライトニングライン

聖マリアンナ医科大学との共同研究により開発されたスキンケアプログラム。奥から、マリアンナ ナノキューブ ローション 120㎖ ¥5,500、マリアンナ アドバンスト ナノキューブ エマルジョン 50㎖ ¥7,500、マリアンナ ナノキューブ クリーム 30g ¥8,500（すべてナノエッグ）

若々しい肌を取り戻す自然派志向のエイジングケア

美容先進国ルーマニア発のエイジングケアライン。奥から、エコヴィタール トニックローション 200㎖ ¥8,400、エコヴィタール スーパーアクティブ アニューリンクルジェル"G"30㎖ ¥10,500、エコヴィタール スーパーナリシング ナイト クリーム 50㎖ ¥15,750（すべてFCP）

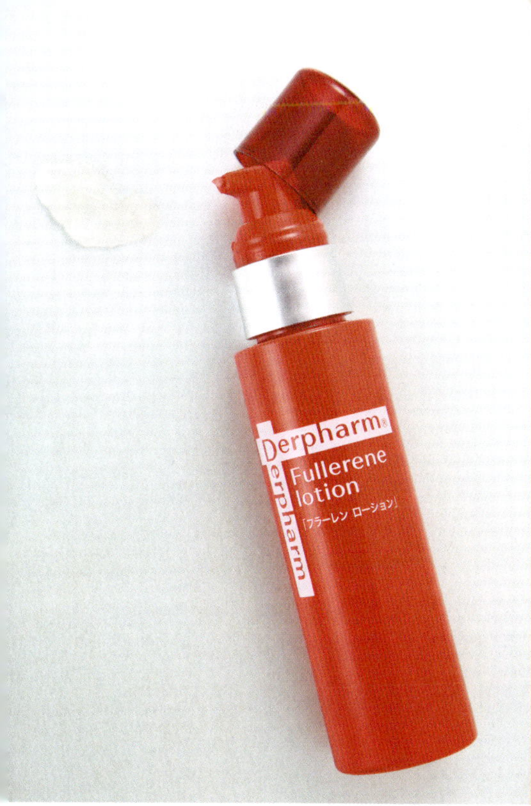

ノーベル賞受賞成分フラーレンの力で
ダメージレスの健やかな肌へ

左上／強力な抗酸化力でにきび、しみ、小じわを防ぐ、医療機関でも注目のジェル状化粧水。ビタミンA・C配合。※医療機関のみでの取り扱いです。デルファーマ フラーレンローション 100mℓ ¥9,975（エスト・コミュ）

時が証明した実力
ハチミツ由来成分の保湿力

右上／1927年の開発以来、幾度もの改良を重ねてきた保湿用のデイリーユースクリーム。キメの整った、みずみずしい肌へと導いてくれます。化粧下地としても。ホーケン ハニックス クリームA 40g ¥2,625（ホーケン）

天然の力を肌で実感！
栄養豊富なドクターズコスメ

右下／美白効果の高い天然のカロテンや抗酸化力に優れたコエンザイムQ10などを豊富に含むカロチーノオイルやビタミンCなどが配合された、浸透性の高い保湿ジェル。カロチーノジェル 60g ¥6,090（ネオメディック）

Special《スペシャル》 Care

「なんだか肌が疲れてる…」と感じるときや、「明日は特別な日！」なんていうときには
お肌にご褒美をあげましょう。
あなたが与えた愛情やかけた手間の分だけお肌も応えてくれるはずよ。
時々は贅沢させてあげなきゃ、お肌だってすねちゃうかもしれないわよ！

透き通るような陶器肌を実感！ワンランク上の美白海藻パック

海藻パウダーと特製ローションを、使う直前に混ぜ合わせるタイプのパック。自宅にいながらにしてタラソテラピー気分を味わえます。マスク ド ブランメール 1回分 ￥1,890（レイ・ビューティ・ヘルス研究所）

ハリと弾力、透明感を与えるスパ感覚のホームトリートメント

スパの施術を自宅で体感できるキット。パウダーとジェルを混ぜ合わせて、効果的なビタミンCケアを。エッセンシャル C インフュージョン ホーム フェイシャル キット 6回分 ￥10,290（ドクターミュラド U.S.A.）

「究極の5つの成分」で“最高級の基本”を堪能

“The best of The basics”（最高級の基本）をコンセプトに、美容の専門家たちによって研究開発されたクリーム。厳選された希少性の高い5つの美容成分配合で、若々しく豊潤な肌に。フィフスポーズ ザ・クリーム 50g ￥63,000（ドクタープロダクツ）

シート状マスクの集中ケアでふっくらとしなやかな肌へ

たっぷりと染み込んだ美容成分を肌にしっかりと浸透させてくれるシート状マスク。定期的なケアで外部ストレスに負けない肌に。上から、美白効果に加え、紫外線による影響も抑制。ドクターシーラボ フォトホワイトC薬用ホワイトニングマスク 5枚入り ￥2,520（ドクターシーラボ）、肌の奥から代謝を高め、メラニンを排出。インナーシグナル リジュブネイトマスク 6枚入り ￥8,400（大塚製薬）、ふっくらとした目もとへと導く目もとケア用マスク。オンザピーク アイエステティクスマスクe 10セット入り ￥5,250（イプサ）
※すべて医薬部外品

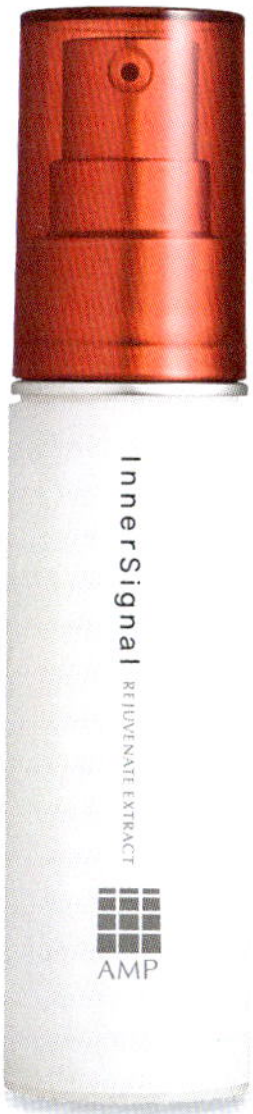

透明感のある肌へと導く独自の美白アプローチ

肌のエネルギー代謝を促し、メラニンを排出することで美白へと導いてくれる美容液。しみ、そばかすを防ぎ、くすみのないクリアな肌へ。インナーシグナル リジュブネイトエキス 30g ￥10,500（大塚製薬）医薬部外品

キャビア状美容液で味わうラグジュアリーな使用感

キャビア状のカプセルに包まれた美容液を専用のガーゼに包み、軽く押しつぶして使用。すっと肌になじんで即効で肌にうるおいを与え、弾力感あふれるツヤ肌に。スキンキャビア 50g ￥20,475（ラ・プレリー）

ボディ

Body Care

細部にまで気を抜かないのがいいオンナの条件じゃないかしら？
バスタイム～アフターバスはボディケアに最適のタイミング。
ボディケアアイテムには香りを楽しめる商品も多いから、
一日の疲れを癒すバスタイムにはマストよ！

ボディを磨いて極上のオンナに

上から時計回りに、脚になじませて湯船に入れれば、クールな使用感とお風呂の温かさで、脚がすっと軽くなる感覚。イグニス リリースボディ 150g ¥3,990（イグニス）、セルライトと脂肪細胞に働きかけるエキスをそれぞれ配合し、スリミングをサポート。アクアリムローション 200㎖ ¥4,200（レイ・ビューティ・ヘルス研究所）、ミネラル豊富な死海の塩をベースにしたボディスクラブ。豊かな香りによるリラックス効果も。サボン ボディスクラブ 500㎖ ¥5,000（SABON Japan）、清々しいローズマリーの香りの入浴剤。頭をすっきりさせてくれるので、朝の入浴やリフレッシュにも。Dr.ハウシュカ ローズマリーバス 150㎖ ¥3,150（グッドホープ総研）、ジャスミンをベースにイランイランなどの香りもブレンドしたマッサージオイル。アロマセラピューティクス ムード エンハンサー マッサージ 50㎖ ¥6,930（B・L・オーバーシーズ）

バラの香りに満たされた極上のボディケアタイム

上から時計回りに、素早い肌なじみでなめらかな肌に仕上げる、保湿力抜群のボディミルク。ローズ シルキーボディミルク 250mℓ ￥3,570（ロクシタン ジャポン）、ローズの持つ美容効果を体感できるマッサージオイル。マッサージオイル プリンセス ローズ 50mℓ ￥3,570（SHIGETA JAPAN）、ダマスクローズの香りが広がるオーガニックなボディソープ。アグロナチュラ ROボディシャンプー〈ダマスクローズ〉250mℓ ￥2,625（イデアインターナショナル）、そのまま湯船に浮かべたあと、バブルバスにしても。ラッキーチャーム バスフラワー＆ペタル アンティークキー ￥1,260（グローバルプロダクト プランニング）

ヘア

Hair Care

昔から「髪は女の命」と言われるほど、美しさの条件とされてきた髪。
でも、年齢を重ねるにつれてツヤが失われがちなパーツでもあるわよね。
しっかりとケアしてあげることで、エイジレスな「艶美人」を目指しましょ！

「髪の先まで美意識を感じさせる」オンナを演出

左側、ムチンをはじめ、数多くの美髪成分を配合。髪の自己治癒力を高めて健やかな美しい髪へ。（上）PLAYBACK 美容液シャンプー 600mℓ ￥1,600 （下）PLAYBACK 美容液トリートメント 600mℓ ￥1,600（共にラブラボ）、右上、すべての髪質に向けた、スタイルを自在に操るオーガニックなヘアワックス。ジョンマスターオーガニック バーボンバニラ＆タンジェリン ヘアテキスチャライザー 57g ￥3,255（スタイラ）、右下、髪の内部に働きかけるヘアマスク。ダマスクローズが高貴に香る、しなやかな髪に。アグロナチュラ ディープヘアマスクRO〈ダマスクローズ〉200mℓ ￥4,200（イデアインターナショナル）

サプリ

Inner Care

目指したいのは「内側からも輝くオンナ」。
内側からもアプローチして自分を高めていこうとする気持ちが大切なんじゃないかしら。
自分で自分を愛してあげることも、極上のオンナになるために大切なことなのよ！

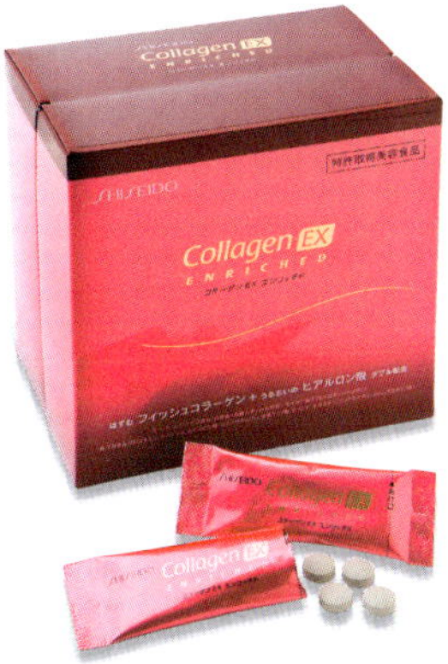

体の中をメイクする ラグジュアリーなバラ水

→世界最高品質のブルガリア産無添加ローズウォーター。水などで薄めて飲めば、ダマスクローズの香りが口いっぱいに広がり、優雅にリラックス＆リフレッシュできます。継続的な飲用により、体の中からバラの香りが。NO-MU-BA-RA 5㎖×30包 ¥3,990（開新舎商事）

充実の美容成分で ワンランク上の美肌へ

↑コラーゲンやヒアルロン酸をはじめ、スーパーハリアップ成分など数々の美容成分を贅沢に配合したタブレット。ぷるぷるとしたハリのあるツヤ肌を実感できます。コラーゲン EX エンリッチド〈タブレット〉 4粒×60パック ¥10,500（資生堂）

体を芯から温める はちみつ×しょうが

じっくりと煮込まれた国産しょうがのスライスがたっぷり入ったはちみつドリンク。黒酢配合でよりヘルシーに。お湯で３～４倍に希釈して飲めば、体の芯からじんわりと温まります。お料理やお菓子の隠し味にも！ はちみつしょうが 460g ¥1,050（下島養蜂園）

肌と体をサポート 即効実感のドリンクサプリ

高純度・高濃度のプラセンタエキスを中心とした、美容成分がぎゅっと濃縮されたドリンクタイプのサプリメント。体内へ効率よく吸収され、美肌効果だけでなく体の疲れも和らげてくれます。アンデスティノ サプリ 30㎖×５本 ¥6,300（アンデスティノ）

お役立ち

Useful Items

「キレイになりたい！」って思いが強くなればなるほど、悩みやわがままは出てくるものよね。
そんなときには、「お役立ちアイテム」の力を借りてみるのもひとつの手じゃないかしら。
きっとあなたを助けてくれるはずよ！

help!

旅行先でもきちんとケアしたいけど、アイテムが多くなっちゃって…。

↓

A ひとつで全身を洗えるアイテムなら、荷物もかさばらずすっきり！

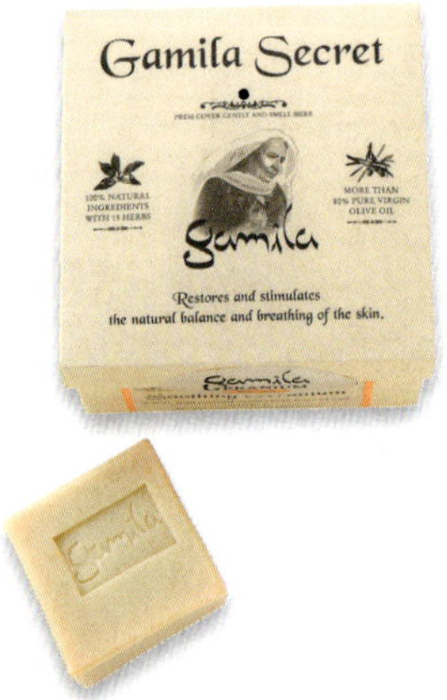

全身に使える100%天然素材の石けん

栄養豊富なエクストラバージンオリーブオイルを80%も使用したナチュラル石けん。バラに似たゼラニウムの香りが心身共に癒してくれます。洗顔はもちろん、体や髪を洗ったり、泡を顔にのせてフェイシャルマスクにしたり、少量をお湯に溶かして入浴剤にしたりと用途が広いので、日常使いのほか、荷物が気になる旅行にも最適です。ガミラシークレット ゼラニウム 約115g ￥3,465（シービック）

help!

朝は時間との勝負！さっと済ませられるスキンケアってないかしら？

↓

A オールインワンアイテムで、しっかりちゃっかり時間短縮！

1アイテム1ステップで朝のスマートなスキンケア

これひとつで化粧水・美容液・乳液・化粧下地の役割を果たすオールインワンのジェルクリーム。ワイルドローズがほのかに香るジェルクリームは肌なじみがよく、みずみずしく柔らかな肌にしつつべたつかないので、時間をかけずにメイクに移れます。デイリーケアのほか、フェイスマッサージやパックとして使っても。ビーマックス コンプリートジェルクリーム 120g ￥6,300（ホーケン）

help!

マスカラ命の私！そのせいか、地まつ毛が弱々しくなってきた気が…。

↓

A 豊かな地まつ毛のために、しっかりと専用のトリートメントを！

健やかなまつ毛を育てる世界初のまつ毛用美容液

第二次世界大戦中のフランスで使用していた、植物から作られた火傷《やけど》治療薬。その中から発見された発毛効果を応用して作られた世界初のまつ毛用美容エッセンス。マスカラやビューラーなどで日々ダメージやストレスにさらされているまつ毛を効果的にトリートメントするとともに、まつ毛の老化を予防し、発毛・育毛を促進してくれます。タリカ リポシル 10mℓ ￥4,935（タリカ ジャパン）

help!

ファンデーションだけじゃ毛穴を隠しきれません。何かいい方法を教えて！

↓

A 毛穴もケアできる下地で万全の体制を！

「毛穴レス」の肌を実現 高機能化粧下地

シリコンと上品な輝きを放つパールがまるで肌に新しい膜を張ったかのような美肌に仕上げてくれる、SPF30 PA++の日焼け止め化粧下地。ふんわりと伸びのいいテクスチャーで、効果的に毛穴を引き締め、ハリのある、シルクのような手触りの肌を演出します。また、むくみを解消し、フェイスラインをすっきりと整える効果も。ケイエッセンスインベース 25g ¥6,300（ドクターケイ）

help!

化粧崩れは気になるけど、化粧直しに時間はかけられません！

↓

A 朝、しっかりとメイクを定着させれば化粧崩れのしにくい肌に！

ひと吹きでメイクが定着 崩れ知らずの魔法のミスト

メイクの仕上げにひと吹きするだけで、しっかりとメイクを定着させ、メイクしたての美しさをキープしてくれるミスト。メイクのヨレや崩れを効果的に防いでくれるので、化粧直しの時間も短く済みます。乾燥を防ぎ、肌を柔らかく保つ効果も。ローズの優しい香りがきめ細かなミストとともに広がるので、リフレッシュを兼ねた化粧直しにも。フィックス メイクアップ 30mℓ ¥4,200（クラランス）

help!

気がついたらいつもパンダ目に…。マスカラがにじまない方法はない？

↓

A いつものマスカラの上からトップコートを重ねてにじみを防いで！

水も汗も気にしない！ にじみ知らずのトップコート

上から重ねることによって、普段使っているマスカラを瞬時にウォータープルーフ＆オイルプルーフに変えてくれるトップコート。水分にも皮脂にも強いポリマーにより、夜遅くまで遊んでも、プールに入っても一日中にじまない目もとに。カールキープ力も優れており、美しいまつ毛を長時間演出してくれます。アイブローのコートとしても。ダブル フィックスマスカラ 9g ¥3,570（クラランス）

和の心って大切よね。理にかなっているからスゴイわ

職人が丹念に作った紅「小町紅　季ゐろ」。純度の高い紅ならではの玉虫色で、水で溶くと鮮やかな赤へと変化します。有田焼、化粧箱入り、飾り座布団付き 各￥12,000　問伊勢半本店 ☎03-5774-0296

紅をさす、の紅は紅花《べにばな》から抽出された「紅」のこと。紅花って黄色い花でしょ、だから色素の99％は黄色で赤はわずか1％。昔の口紅はそんな希少な色素で作られていたのよね。時代劇で見るような紅花染めの真っ赤な長襦袢《ながじゅばん》には、紅花の持つ血行促進作用を、肌に直接纏《まと》うものでとり入れようとする意味があったそうです。今でも乾燥させた花は血行促進の生薬として漢方に使われます。そんな紅を唇につけるのは理にかなっているというわけ。

さて、そんな最高級の山形県最上《もがみ》紅を使用して有田焼のお猪口《ちょこ》に刷《は》いた逸品があるというので、早速試してみました。天然色素の優しい感触。小野小町《おののこまち》気分が味わえます。

IKKO's
Favorites

私のメイクページはいかがでしたか？
ここからはビューティサロンやおすすめのお店
好きなスイーツ、そして癒《いや》しの軽井沢マイ別荘などなど
プライベートな部分をご紹介しますね。
ビューティサロンは雑誌『MISS』の連載で突撃体験
した中からも抜粋して掲載しました。
雑誌の連載も見てくれてますか？ ヨロシクね〜。

Photo : Susumu Nagahiro　Miyabi Tanaka　Taroh Okabe

第4章

美のオーラを生む 極上の夜景！ 贅沢を知るのも大切

the spa at mandarinoriental tokyo

ザ・スパ・アット・マンダリン・オリエンタル・東京

最近話題の大人の街、日本橋。極上ホテルの37階という、まさに天空のスパ。しかも一部屋ごとに異なるスイートでプライバシーも万全なのがいいのよ。美しい夜景を眺めながらのトリートメントや一面ガラス張りのサウナで、もうお姫様気分よ～。ちょっと贅沢だけど、自分へのご褒美にしたいスパなの！

DATA

●東京都中央区日本橋室町2-1-1マンダリンオリエンタル東京37階 ☎03-3270-8300 (営)9:00～22:00 ●料金：例／タイムリチュアル（体調に合わせたカスタムメイドのスパトリートメント）￥44,000～（1時間50分） サービス料10%別途

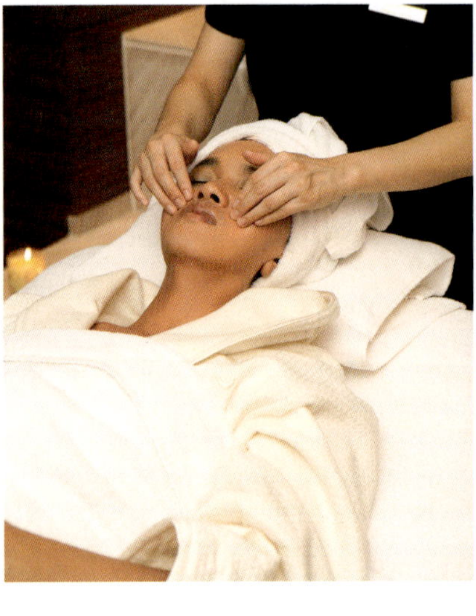

肌を温めて柔らかくしてから行う、東洋の伝統と西洋のテクニックが融合したオリジナルトリートメントが特徴。モナコのコスメを使ったフェイシャルも好評

極上のベッドがいいわ～異空間で至高の体験

Armani spa

アルマーニ　スパ

アルマーニらしい都会的な雰囲気がステキ

インテリアはアルマーニ・カーザ、バスローブやタオルもオリジナル。G・アルマーニ氏の、体と命の再活性化というメッセージが体感できる、ここはまさにリュクスなスパ！シチリア沖の火山島の若返りの宝石といわれる黒曜石溶岩を取り入れていて、体の芯からデトックスされている気分なの。

D　A　T　A

●東京都中央区銀座5-5-4アルマーニ／銀座タワー５階　☎03-6274-7004　㋖11:00～20:00（最終受付）　完全予約制　●料金：例／アルマーニ・セレモニー￥65,000（３時間のボディ＆フェイス）、フェイス・フォーカス￥38,000（75分のフェイス）など

脚のセルライトつぶしでボディもアンチエイジング

Salon du la prairie

サロン ド ラ・プレリー

スイスのアンチエイジングブランドとして有名なラ・プレリー。オールハンドのトリートメントは世界のセレブ御用達。お気に入りは全身を軽い角質ケア効果のあるオイルでマッサージするボディトリートメント。全身うっとり肌へと仕上げてくれるのよ～、うふっ。

D　A　T　A

●東京都中央区日本橋蛎殻町2-1-1ロイヤルパークホテル５階　☎03-3669-2467　㋖平日11:00～20:00　土日祝10:00～20:00　最終受付18:30　●料金：例／セルラーボディトリートメント￥29,400（90分）　スイスセルラーディエイジングトリートメント￥25,200（90分）など

世界でも限られたホテルでのみ展開している特別なトリートメントも受けられます

身も心も温まる オイルマッサージで体調管理

Aroma therapeutics spa

アロマセラピューティクス スパ

なんとなく体の調子がよくないな、と思ったとき私は脚からケアするの。脚を温めながらマッサージでリンパの流れをよくすると、疲れがとれてすっきり。このサロンのマッサージはオイルの質も高くて、おすすめよ。

D A T A

●東京都港区南青山6-6-20K's南青山ビル２階　☎03-5766-6114
㊖平日12:00〜21:00　土日祝11:00〜20:00　最終受付２時間前
●料金：例／ATオリジナルアロマトリートメント￥18,900、スタンダードスラヴィックコース￥23,100（共に135分・施術90分）、レッグ＆ハンドリフレ￥13,650（120分・施術75分）など

指先からひじ下まで駆使したロングストロークのハンドマッサージ。本当に癒されるのよ〜

カウンセリングがしっかり。短期間でリフティング効果大

Aoi clinic

あおいクリニック銀座

基本的に整形とかはなるべくおすすめしない主義なんだけど、医学の助けを借りて自分に自信が取り戻せるならアリよね。中野先生のカウンセリングは信頼性が高くて、レーザー初体験の私も安心して受けられたのよ。ぐぐっと顔が持ち上がった感じで撮影もバッチリだったわ。

D　A　T　A

●東京都中央区銀座5-5-13坂口ビル5階　☎03-3569-0686　(診)10:00〜19:00　完全予約制　㊡木日祝　●料金：例／Eライトスペシャル（リフトアップ）初回トライアル全顔¥71,400ほか、美肌、しみ、ボトックス、脱毛、ダイエットなどカウンセリングによる指導でメニューも豊富。

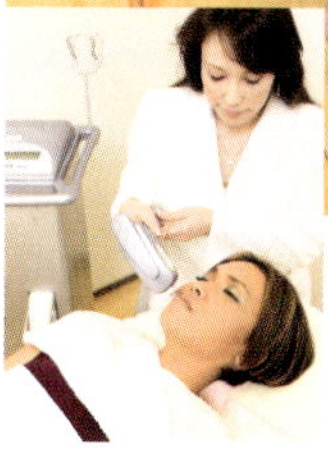

Eライトスペシャルはリフティング効果の高いレーザーと細胞の再生力をアップさせるスペシャルメソセラピーのコース

Hiraishi clinic

平石クリニック

ニンニク注射はニンニクでできているわけではなく、ビタミンB群とグリコーゲンで疲労物質の乳酸を再びエネルギーへ変えるもの

忙しいときの救世主はニンニク注射よ

お蔭様で忙しい毎日ですが、どうしようもなく疲れても、休むわけにいかない…そんなときにニンニク注射をお願いしているのがこちらです。疲労回復に効果てきめん。一流のスポーツ選手の健康管理もしている平石先生、お世話になってます。

D　A　T　A

●東京都港区六本木7-15-7新六本木ビル4階　☎03-3401-7711　(診)月火木金9:00〜13:00　15:00〜19:00　水9:00〜13:00　土9:00〜12:00　受付は終了30分前まで　㊡日祝　●料金：例／ニンニク注射は初診¥4,200〜再診¥2,100〜　ほか花粉症の注射なども

笑顔のポイントは美しい歯
集中ケアで表情も変わるわ

white white

ホワイトホワイト恵比寿本店

人前に出る仕事なので、口内ケアには人一倍気をつかって、歯磨きは一日何度もしているんだけど、ナチュラルな歯の白さって笑顔の基本だってあらためて思ったわ。ただ歯を白くするのではなく、口内環境をよくするという目的が健康にもつながるのよ。こちらの審美歯科には３日間の集中ケアコースもあって、時間のない人にもぴったり。あなたも笑顔美人になってね。

D A T A

●東京都渋谷区恵比寿1-8-1サン栄ビル８階（ほかルミネ新宿店もあり）☎0120-469-701 ㊟10:00～19:00 ●料金：例／ only3days ６本￥31,500 12本￥63,000 など

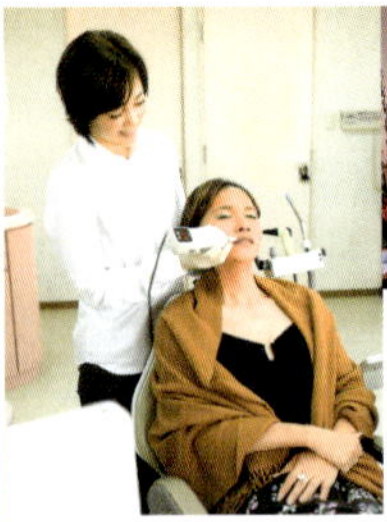

白い歯が維持できるホームホワイトニングとのセットメニューもありますよ

yamazaki ikue

山﨑伊久江美容室
渋谷店

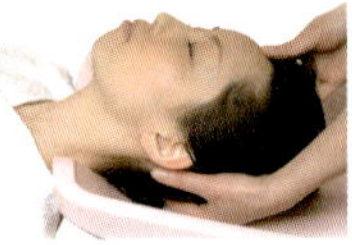

頭皮のリラクゼーションのヘアエステは、カウンセリングから施術、ブローまでトータルで１時間半くらい

キレイな髪はオンナの命
髪ひとつであか抜けるものよ

頭皮の健康って髪にとってすごく重要なのよ。山﨑伊久江美容室の推奨するベルジュバンスのヘアエステは、頭皮をキレイにすることで髪が生き返る感じで、しかもすごく気持ちいい。年齢とともに衰える髪質…でも、このヘアエステの後は髪のツヤが戻るからすごい。

D A T A

●東京都渋谷区渋谷1-24-6マトリクス・ツービル３階 ☎03-5778-1616 ㊡10:00～18:30 金土祝～19:30 いずれも最終受付（ヘアエステの最終受付は18:00まで 金土祝は18:30まで）●料金：例／ヘアエステ フリー席ショート￥5,775～ロング￥7,350 など

このときは『MISS』連載の撮影のために、黒崎さんがホテルに出張してくださいました！

ネイルケアには気を抜かないで大人のオンナの基本よ

Crèateur Reveal

クリアトゥール レヴィール 表参道ヒルズ店

ネイルがキレイだと一日中気分がいいと思わない？　普段の私はピンクベージュにフレンチのスカルプチュアですが、ゴージャスなドレスを着たときはネイルチップをオーダーします。ファッションはメイクもネイルもすべて含めて全体のバランスをとるのがポイントだと思うわ。ネイリストの黒崎えり子さんはセンス抜群で尊敬してます。

DATA

●東京都渋谷区神宮前4-12-10表参道ヒルズ西館Ｂ１階　☎03-5412-8855　予約優先　㊢11：00～21：00　日～20：00　●料金：例／ジェルカラー￥9,500（１色）～

マカロンって色の可愛さが ハッピーな気分になるの

PIERRE HERMÉ

ピエール・エルメ・パリ 青山

日々シェイプアップに励んでいても食べたいものは食べるのが主義。その分運動するんだって思えばウォーキングの励みにもなるでしょ。ピエール・エルメ・パリのマカロンはよく楽屋見舞でいただきますが、カラフルな色の取り合わせに元気をもらう気がします。限定フレーバーのチェックも欠かせませんよ。

D A T A

●東京都渋谷区神宮前5-51-8ラ・ポルト青山1・2階 ☎03-5485-7766 営11:00～21:00 日祝～20：00 L.O.閉店30分前

マカロンはローズ、シトロン、ピスターシュなど十数種。優しいクリームとサクサクしっとりの食感がたまらない。2階バーではコーヒーとマカロン3個のセットが￥1,500で楽しめます。持ち帰り用マカロン20個詰め合わせ￥5,250～など

すぐにしぼんでしまう はかなさがいいのよ

ginza budounoki

銀座ぶどうの木

ほんの数分が命のスフレ・オ・フロマージュは、表面をスプーンで破って中のアツアツとろとろの生地と混ぜ合わせる、あの瞬間がいいわ～。白ワインと楽しむデザートなんて大人よね。チーズスフレとかヨーグルトとか白くてふんわりとろっとしたデザートには目がないのです。

D A T A

●東京都中央区銀座5-8-5ニューギンザビル10号館 ☎03-3574-9779 営11:00～21:00 金土～22:00 日～20:30 L.O.閉店45分前

スフレ・オ・フロマージュは白ワインつきで￥1,575 ほかフォンダン・ショコラ￥1,260など温かいスイーツも豊富

しっとりとした皮と
丹波の小豆の味わい

阿闍梨餅《あじゃり》

江戸末期創業の京都の和菓子店・満月の阿闍梨餅といえば有名よね。小豆のおいしさがたまりません。問阿闍梨餅本舗　満月　0120-24-7373／阿闍梨餅1個￥105　10個箱入り￥1,155　発送可

杏仁豆腐の域を超えた
ふわふわ新食感

ペニンシュラ 杏仁豆腐

香港の高級ホテルペニンシュラの杏仁豆腐はまろやかで、まるでムースのような柔らかさ。杏仁ババロアっていったほうがいいかも。問日本橋三越本店　☎03-3241-3311㈹／ペニンシュラブティック　杏仁豆腐1個￥599

北海道の牧場
手作りのヨーグルト

風のヨーグルト

北海道の風牧場で手作りされているヨーグルト。飲むヨーグルト・プリティアと一緒に取り寄せています。問風牧場　☎015-486-2131　FAX 015-486-2132／風のヨーグルト　90mℓ　￥105　450mℓ　￥315　発送可

口の中でふわっと溶けていく
軽い食感が好き

チーズケーキかご盛り 白らら

まるで雲のようなふわっとしたフレッシュチーズ。あっという間にひとつ食べてしまうので要注意なの。問銀のぶどう　☎03-3316-0380／かご盛り 白らら1個￥1,050

卵の風味が絶品
手作り感覚のプリン

GOYOUぷりん

那須高原の御用卵を使った鎌倉小川軒のプリンは、素材のよさを生かした素朴な味わいなの。問鎌倉小川軒　鎌倉本店　鎌倉市御成町8-1　☎0467-25-0660／GOYOUぷりん1個￥262

福岡に来たらこれ食べて！

ニューオータニ博多　クレープシュゼット

私の博多の常宿「ホテルニューオータニ博多」のクレープシュゼットは、濃厚なオレンジソースと特製バニラアイスのベストマッチ。問レストラン カステリアンルーム　☎092-714-1111㈹／クレープシュゼット￥2,200　サービス料別途　2名様より(予約制)

韓国料理大好き！
コラーゲンでお肌もぷりっ

kenari

けなりぃ

私の韓国好きはもう皆さんご存知でしょう。韓国料理も大好き。ランチビュッフェが有名な銀座の「けなりぃ」は、お肌にいいコラーゲンがとれるメニューが豊富なのと、野菜がおいしいので女性におすすめ。私はコラーゲン鍋をよくいただいてます。

D A T A

●東京都中央区銀座5-11-13ニュー東京ビルB1階　☎03-6226-0630　営ランチ11:30～14:30L.O.　ディナー17:30～22:30L.O.　●例：ランチビュッフェ平日60分¥1,200　休日90分¥1,500

ジェラートなど手作りスイーツもいろいろ楽しめるのも女性にはポイントよね

濃厚なとろみの
とり鍋がたまりません

izayoi

IZAYOI

奈良の大和軍鶏《シャモ》と秋田の比内地鶏のお店です。あさり仕立てのオリジナルとり鍋がお気に入り。それと串焼きの串が短いので男性の前で大口開けたりしなくても大丈夫よ。旬の素材を使ったおすすめメニューもあり飽きません。

D A T A

●東京都港区南麻布1-4-5グランパレス南麻布仙台坂2階　☎03-5442-0965　営18:00～26:00L.O.　休日曜　●例：とり鍋1名様¥1,380（2名様より）、串焼き1本¥250より

大人っぽいインテリアの落ち着いた店内。個室もあるのでちょっとした会合にいいかも

美肌効果を求め コバルトブルーの温泉へ

shoya no yakata

ゆふいん庄屋の館

大分の湯布院の中でもここしかない、メタケイ酸が多いためにコバルトブルーのお湯が美しい温泉。掛け流しの露天風呂は100人入れるくらいの広さなの（男女別）。宿は敷地内に離れが点在するスタイルですごくリラックスできるので、私にとって癒しの場所です。

D A T A

●大分県由布市湯布院町川上444- 3　☎0977-85-3105　●料金：一泊二食付き　一室二名の１名様平日￥26,000　休前日￥30,000より（人数、全20棟ある宿泊する建物、季節によって料金が異なります）　日帰り入浴可（10:00〜15:30まで受付）

宿泊棟にも露天風呂があります。お部屋もそれぞれ違う風情で楽しめます

白濁したお湯が好き 気泡が肌に優しい感触

awano yu ryokan

泡の湯旅館

掛け流しの源泉は無色透明なのに空気に触れると白濁するんですって。しかも肌にぷちぷち泡がつくなと思ったら炭酸分が含まれているためだとか。家でも白濁したお湯が好きでそういうバスソルトを使うことが多いので、白骨温泉は私好みのお湯なのです。

D A T A

●長野県松本市安曇白骨温泉　☎0263-93-2101　●料金：一泊二食付き　一室二名の１名様￥15,330より（入湯税別途￥150、季節、曜日、お部屋によって料金が異なります）

白骨温泉の中でも上高地と同じ標高という高い位置にあって、空気もおいしい

私の癒しの場所
それは

大好きな軽井沢

極上のスローライフを送りたい、忙しい日常をリセットする場所が欲しい、そんな思いから軽井沢に別荘を建てました。これでまた一生懸命働かなくちゃならないけど、自分を取り戻せる場所って本当に必要なんだなってつくづく感じます。だって、軽井沢に行って東京に帰ってくると眉間のしわがとれてる！って言われるのよー。心を磨くことは、ゆとりある極上のオンナになるためにもっとも必要なこと。ゆとりこそが美の源なのよ。そんな私のデトックス御殿をご案内しますね。

ようこそ
私の
美の隠れ家へ

大勢の仲間と
過ごす楽しい食卓
のために特注
したテーブルよ

お客様を迎える大理石の玄関から2階へ続く階段。光を集めて幸運をもたらすシャンデリアと、ポイントとして赤いソファを置きました。風水的にもよい取り合わせなのだそう

こだわったのは
ドレクセル社製
の真っ白い
レザーソファ

自然の中で自分に戻れる
そんなひとときが
美容家としての感性を高めてくれるの

お気に入りの
場所でのんびり。
でも、ウォーキング
は欠かさないわ

光がいっぱい
差し込むように
作った大きな窓
が自慢なの

予定より大きな家になってしまったけど、ここで将来メイクサロンができるかしら、なんていろいろ考えるとワクワクするの。木々に囲まれた静寂の中で、星を見ながら過ごす夜、たまっていたストレスがどんどん発散していって、心が解き放たれるんです。そんなとき、苦労して建ててよかったなって思いますね

ここにしよう！
って決めた理由は
敷地内を
流れるこの小川

IKKO的

肌づくりの3つの極意

極意1

洗顔

その日の汚れはその日のうちに。
ゴシゴシこすらず
愛を込めて泡でつつみ込みながら

極意2

保湿

皮膚に話しかけるように
ローションパック。
無意識にだらだらやっても
キレイにならない！

極意3

免疫力

体の免疫力は、
あなたの心が左右する。
たとえ苦しいことがあっても
いつも明るく笑顔を♥♥♥

おわりに

皆さん、最後まで読んでくださって
ありがとうございました。
美容は私に生きる道を与えてくれた大切な世界。
人をキレイにする裏方の仕事から、美容家を目指し始めたとき
「自分も努力しなくちゃ」と決心しました。
シェイプアップのための朝晩のウォーキング、
食事やサプリなどでの体質改善、魅力的に見えるメイクの方法…
自分自身いろんな意味でオンナ磨きを始めると、
以前より貪欲に美容に取り組めるようになり、ますます楽しくなってきました。
そんな中で出版した今回の本格メイク＆美容本はいかがでしたでしょうか？
できるだけ総合的な内容となるように心がけました。
雑誌やテレビなどでも私が実感したことをどんどんお話ししていきますので、
これからも末永く応援お願いいたします。
最後にこの本を作るにあたって、強力にバックアップしてくれた
スタッフの栗原、高場、市ノ渡、安藤、細根、西川、
私のボディづくりをサポートしてくれる清水先生、フミちゃん、Ken-Jくん、
本当にありがとう。
そしてご協力くださった多くの化粧品会社の方々、
編集の古谷さん、心から感謝申し上げます。
美と幸せが、あなたに訪れますように。

愛を込めて　IKKO

Shop List 問い合わせ先リスト

あ

アクセーヌ	0120-120783
アナ スイ コスメティックス	0120-735-559
アモーレパシフィックジャパン	0120-570-057
RMK Division	0120-988-271
アンデスティノ	0120-979-154
イヴ・サンローラン・パルファン	0120-006-912
イオス すこやか倶楽部	0120-77-33-41
イグニス	0120-664-227
伊勢半本店	03-5774-0296
井田ラボラトリーズ	03-3260-0671
一高貿易興産	0120-833915
イデアインターナショナル	03-5446-9530
イプサ	0120-523-543
エスティ ローダー	03-5251-3386
エスト・コミュ	0120-456-569
エテュセ	0120-074-317
FCP(エフシーピー)総合窓口	0120-857-147
エム・アール・アイ	03-5413-7676
大塚製薬(インナーシグナル) お客様相談窓口	03-3293-3212

か

開新舎商事	03-5817-5959
カバーマーク カスタマーセンター	0120-117133
カネボウ化粧品	0120-518-520
キューサイ お客様相談室	0120-327-831
グッズマン	075-353-1778
グッドホープ総研	03-5740-6431
クラランス	03-3470-8545
グローバル プロダクト プランニング	03-3770-6170
グンゼ お客様相談室	0120-167874
ゲラン	0120-140-677

さ

SABON Japan	0120-380-688
ザ・ボディショップ	03-5215-6160
SHIGETA JAPAN	0120-945-995
シスレージャパン	03-5771-6217
資生堂 お客さま窓口	0120-81-4710
シービック	03-5414-0841
下鳥養蜂園	0120-11-8383
シャンティ	03-5212-3761
シュウ ウエムラ	03-6911-8560
SUSIE N.Y. DIVISION	03-3262-3454
スタイラ	03-5418-8077

た・な

タリカ ジャパン	047-382-4636
チャコット	03-3476-1311
DHC	0120-333-906
常盤薬品工業 お客さま相談室	0120-081-937
ドクターケイ お客様窓口	0120-68-1217
ドクターシーラボ	0120-371-217
ドクタープロダクツ	0120-109-996
ドクターミュラド U.S.A. カスタマーサービス	0120-86-5366
NARS JAPAN	0120-356-686
ナノエッグ	0120-556-994
ネオメディック	03-5772-3399

は・ま

白鳳堂	0120-1425-07
パルファム ジバンシイ	03-3264-3941
B&Cラボラトリーズ お客様相談室	03-5462-1762
B・L・オーバーシーズ	0120-13-6059
B never too busy to be beautiful	0120-513-903
ブルジョワ	0120-791-017
ヘレナ ルビンスタイン	03-6911-8287
ホーケン	0120-83-99-83
ボビイ ブラウン	03-5251-3485
ボンシック	0120-386-333
M·A·C (メイクアップ アート コスメティックス)	03-5251-3541
マックス ファクター	0120-021325
マンダム お客さま相談室	0120-373337
三善	0120-06-3244
メイベリン ニューヨーク お客様相談室	03-6911-8585

や・ら・わ

薬師堂	092-923-1061
ラ・プレリー	0120-223-887
ラブラボ	03-5545-0829
ランコム	03-6911-8151
レイ・ビューティ・ヘルス研究所	03-3419-2689
ロクシタン ジャポン カスタマーサービス	03-3234-6940
ローラ メルシエ	03-5467-9550
ワイズポリシープラス	03-5778-1811

撮影	岡部太郎（シグノ）／ 表紙カバーほかIKKOさん、 P.7～9、11、38、39、44、 45、48、77、78、79、82～87 池谷友秀（ヴァニティフェア）／ P.6、10、12、13、18、22～37、 40～43、46、47、80、81、88 岡田ナツ子（世界文化社写真部）
デザイン	平澤靖弘（jump）
イラスト	杉本祐子
スタイリスト	金子美恵子（IKKOさん） 西村眞澄（静物）
編集協力	久保田満穂　石塚久美子 大木知佳　中島敦子
校正	杉山弘子
編集	古谷尚子

BayBeyちゃん
イラストby IKKO

愛され顔のメイクのレシピ
IKKO キレイの魔法

2008年 8月25日 初版第1刷発行

著　者　IKKO
発行人　竹間 勉
発　行　株式会社 世界文化社
〒102-8187 東京都千代田区九段北4-2-29
☎03-3262-5118（編集部）
☎03-3262-5115（販売本部）
印刷／凸版印刷株式会社
製本／株式会社大観社

ISBN978-4-418-08401-2

※本書は、開きやすさを特長とした「PUR製本」を採用しているため、本体の背に多少折りじわがつきます。

本書の内容に関する
お問い合わせ・ご意見は、
㈱世界文化社 CULTURE編集部
〒102-8187 東京都千代田区九段北4-2-29
☎03-3262-5118 までお願いいたします。

美のお守り

直筆のお守りです。裏も見てね

美のお守り

切り取って使ってね

お日さまが照るときもあれば、
涙の日々もある人生。
めげずに美を大切にして生きれば、
やがて道は開け幸福が来るでしょう。